Franz Woenig

Pflanzenformen im Dienste der bildenden Künste

Ein Beitrag zur Ästhetik der Botanik

Franz Woenig

Pflanzenformen im Dienste der bildenden Künste
Ein Beitrag zur Ästhetik der Botanik

ISBN/EAN: 9783743676848

Hergestellt in Europa, USA, Kanada, Australien, Japan

Cover: Foto ©Thomas Meinert / pixelio.de

Weitere Bücher finden Sie auf **www.hansebooks.com**

PFLANZENFORMEN

IM DIENSTE DER BILDENDEN KÜNSTE.

EIN BEITRAG ZUR ÄSTHETIK DER BOTANIK,

ZUGLEICH

EIN LEITFADEN DURCH DAS PFLANZENORNAMENT ALLER STILPERIODEN DER KUNST.

ZUM GEBRAUCH BEIM UNTERRICHT AN BAU- UND GEWERBESCHULEN, FÜR ARCHITEKTEN,

ZEICHENLEHRER, LEHRER DER NATURWISSENSCHAFTEN U. S. W.,

SOWIE FÜR JEDEN GEBILDETEN LAIEN

VON

FRANZ WOENIG.

ZWEITER, WESENTLICH ERWEITERTER, MIT 130 HOLZSCHNITT - ILLUSTRATIONEN

VERSEHENER ABDRUCK AUS: „DER PRAKTISCHE SCHULMANN.

ARCHIV FÜR MATERIALIEN ZUM UNTERRICHT."

LEIPZIG.

VERLAG von P. EHRLICH.

1881.

VORWORT.

Der Grundrifs der nachfolgenden Studie bildet gewöhnlich in Gemeinschaft mit einigen anderen Stoffen aus dem Gebiete der Ästhetik den Abschlufs meines Unterrichtspensums in der allgemeinen und speziellen Botanik für die Oberklassen einer höheren Töchterschule. Es braucht wohl kaum darauf hingewiesen zu werden, welchen hohen ethischen Wert derartige ästhetische Stoffe in sich tragen, indem sie bei sorgfältiger Wahl und geschickter Behandlung nicht nur die Gemütsbildung der heranreifenden Jugend vorteilhaft beeinflussen, sondern auch zur Erweckung und Förderung des Schönheitssinnes und eines guten Geschmacks wesentlich beitragen und — wie die hier gebotene Gabe — den Unterricht in der Botanik, im Zeichnen, in der politischen Geographie und Kulturgeschichte durchgeistigen und beleben.

Der erfreuliche Beifall, welcher der Arbeit bei ihrem ersten Erscheinen in dem pädagogischen Journal: «Der praktische Schulmann. Archiv für Materialien zum Unterricht u. s. w. Bd. XXX, Heft 1 u. 2» von seiten der Lehrerwelt zuteil wurde, läfst den Verfasser hoffen, dafs die Ergebnisse seines jahrelangen Sammelfleifses, welche hier in gedrängter Kürze als ein Abrifs der «Geschichte des Pflanzenornaments» vorliegen, auch in weiteren, oben beregten Kreisen willkommen geheifsen werden, zumal die sich mehr und mehr Bahn brechende neue Methode des Zeichenunterrichts (Methode Flinzer) das Komponieren nach natürlichen Pflanzenblättern, soweit sich die Grundformen derselben auf geometrische Figuren zurückführen lassen, ganz besonders betont (Lehrbuch des Zeichenunterrichts von Fedor Flinzer, 2. Auflage, Bielefeld und Leipzig 1879) und auch namentlich auf dem Gebiete des Pflanzenornamentenzeichnens bisher die herrlichsten Erfolge erzielte.

Von litterarischen Quellen, Bildwerken etc., welche teils An-
regung zur vorliegenden Arbeit gaben, teils zur Vergleichung
dienten oder benutzt wurden, mögen folgende genannt werden:
Dr. *Karl Müller:* Buch der Pflanzenwelt. *Wirth:* Bilder
aus der Pflanzenwelt. *Schouw:* Die Pflanze und der Mensch.
Perger: Deutsche Pflanzensagen und Studien über deutsche
Pflanzennamen. *Owen Jones:* Grammar of Ornament. *Zahn:*
Ornamente aller klassischen Kunstepochen. Dr. *Mothes:* Ar-
chäologisches Wörterbuch. *Racinet:* Das polychrome Ornament.
Heideloff: Ornamentik des Mittelalters. *Jakob:* Die Kunst im
Dienste der Kirche. *Otte:* Handbuch der kirchlichen Kunst.
Statz und *Ungewitter:* Gotisches Musterbuch. *Hittenkofer:*
Architektonische Formenlehre. *Falke:* Geschichte des modernen
Geschmacks. *Lübke:* Grundrifs der Kunstgeschichte. *Seemann:*
Kunsthistorische Bilderbogen. *G. Schreiber:* Das technische
Zeichnen — und mehrere Jahrgänge der *» Gewerbehalle«*.

Freundliche Winke, Ratschläge und Beiträge, welche geeignet
wären, die Arbeit in Zukunft zu fördern, werden vom Verfasser
stets dankbar entgegen genommen.

LEIPZIG, im Mai 1881.

Franz Woenlg.

I.

Pflanzenformen

im Dienste der Kunst der ältesten Kulturvölker.

Kunst und Natur werden im gewöhnlichen Leben oft als Opposita einander gegenüber gestellt, und doch ist dieser Gegensatz nur ein scheinbarer; beide stehen vielmehr in einem Abhängigkeitsverhältnis, in welchem die Natur das Vorbild und die Kunst die Nachbildung repräfentiert; denn in Wahrheit ist die Kunst durch die Natur begründet, durch sie allein möglich gemacht. Ist doch der Mensch zugleich Naturwesen und somit hinsichtlich seiner Kunstfähigkeit an die Natur gebunden. Freilich muss die Kunst frei sein von einem sklavischen Nachgehen und schematischen Kopieren der konventionellen Naturformen. Höher als die gefällige Form steht der durch das Sinnliche erzeugte belebende Gedanke, die beseelende, verschönernde Idee, aus der sich das wahre Kunstwerk erst als freies Produkt des künstlerischen Geistes entwickelt und gestaltet. Das Sinnlich-Schöne zu idealisieren: das ist und bleibt der Grundzug aller Kunst. Ohne mich in Mutmassungen über die Uranfänge der Kunst zu verlieren, — die ohne Zweifel, durch den Selbsterhaltungstrieb des Menschengeschlechts geweckt, sich auf den höheren Stufen seiner geistigen Kultur in allen ihren Zweigen weiter entwickelten, — will ich nur bemerken, dass in den allerältesten Kunsterzeugnissen der Völker, so primitiv sie auch sein mögen, immer ein Anlehnen an Naturprodukte, ein spekulatives Beobachten und Belauschen der Natur auch da noch zu erkennen ist, wo die Phantasie des schaffenden Geistes etwas von der Natur Abweichendes, Höheres, Übersinnliches zur Darstellung bringen will.

Die Natur ist die vollkommenste Bildnerin und zugleich die höchste lebendige Schönheit. Erhaben in ihrer Grösse und rastlos erzeugenden Kraft, bewunderungswürdig in ihrer Harmonie und Lieblichkeit, unerschöpflich in dem Reichtum ihrer Formen, bot sie dem erwachenden Menschengeiste einen unendlichen Reichtum von Kunstmotiven, und besonders war es die Pflanzenwelt, die durch tausend und aber tausend ihrer vollendet schönen Gebilde zur künstlerischen Nachahmung reizte. Mit Regen und Tauwasser gefüllte Blütenkelche, die dem lechzenden Naturmenschen Labung boten, die schwimmenden Blätter der Wassergewächse, welche sein Auge täglich gewahrte, sie wurden das Vorbild zu den mannigfachsten Formen seiner Thongefässe. Mehrere zusammenstehende Bäume, tief drinnen im Urwalde, deren Gezweig in einander gewoben dem rastlosen Nomaden sicheren Schutz gegen Regen und Unwetter gewährten, bildeten das Muster zu einer einfachen Hütte aus Baumstämmen und Reisig. In heiligen Hainen, im Dunkel der Urwälder verehrte das heidnische Menschengeschlecht seine Götter. Im brausenden Sturme, der die Äste der Baumriesen peitschte, sowie in dem leisen Säuseln des Windes, der in stiller Nacht durch die Wipfel strich, wähnte er ihre Stimmen zu vernehmen, und als dann der religiöse Kultus ein höherer, reiner und durchgeisteter wurde, konnte sich das verehrende Gemüt schwer vom Althergebrachten trennen, und der dämmerige Baumwald, der Ort seines Kultus, ward unter seinen schon kunstgeübten Händen zu einem Steinwald mit himmelan strebenden Palmensäulen, die in schön geschwungenen Bogen hoch oben ihre Zweige einander zuneigten und stolze Wölbungen bildeten. Wir könnten die eben skizzierten Bilder noch durch viele andere ergänzen, lassen sich doch die Spuren der Kunstanfänge bei den ältesten Kulturvölkern deutlich erkennen, lässt sich doch ihre allmähliche ästhetische Weiterentwickelung klar verfolgen, haftet doch der begrenzte Blick und die beengte Phantasie des Künstlers mehr oder minder fest an der ihm gebotenen Form, so dass sein Kunstwerk oft naturalistisch, oft leise verhüllt, die Natur und den Boden verraten, von denen es erzeugt wurde. Immer aber ist es vorzugsweise die Pflanzenwelt, die wir im Dienste der bildenden Künste finden, die sich in ihrer unwandelbaren, naiven Schönheit in der Architektur, Ornamentik, der Malerei und dem Kunstgewerbe durch alle Stilperioden der Kunst hindurch in grosser Lebendigkeit wiederspiegelt.

Beginnen wir beim Aufsuchen und Bestimmen der zur künstlerischen Verwendung gekommenen Pflanzenformen mit den ältesten Denkmälern der Kunst und wandern wir im Geiste hinein in das alte Wunderland Ägypten, — die Wiege aller geistigen Kultur, — wo die Pharaonen die Riesendeckel der Pyramiden auf ihre Gräber stülpten, die mit den im Wüstensande verwehten Sphinxen und anderen erhabenen Resten, den Zeugen gigantischer Menschenkraft, als Marksteine und Zeitmesser der Menschheitsgeschichte, wie eine gewaltige Lapidarschrift aus der Finsternis der ersten Jahrtausende hervorleuchten.

Die Quelle alles Lebens, die Richtschnur aller socialen Thätigkeit Ägyptens ist der heilige Strom des Nil. Um ihn dreht sich das ganze Dasein der ägyptischen Kultur. In seiner Pflege künden sich die ersten Kunstäusserungen des bewunderungswürdigen Volkes, denn die ersten Bauten sind Wasserbauten. Man dämmte die verheerenden Wogen des segenbringenden Flusses ein und legte Kanäle an, die einzelnen Landstrecken zu bewässern und zu speisen.

Alles, was nur im geringsten mit dem Strome in Beziehung stand, — das Geflügel, das ihn belebte, die Pflanzen, welche seine

Ufer und den Wasserspiegel schmückten, — genoss hohe Verehrung, und besonders war es der vielgerühmte Papyrus und die vielbesungene Lotusblume, welche die ägyptische Kunst in ihr Bereich zog.

Die Lotusblume der Alten (*Nymphaea lotus*), siehe Kopfleiste, welche in ihrer Blüte unserer weissen Teichrose (*Nymphaea alba*) ähnelt und noch jetzt sehr häufig an den flachen Stellen des Nil und in den Bewässerungsgräben Ägyptens ihre schwimmenden Blätterteller und duftenden zarten Blütenkelche entfaltet, war wohl geeignet, die Aufmerksamkeit des ägyptischen Volkes auf sich zu lenken. Die schildförmigen runden Blätter von schimmerndem Metallglanz haben oft einen Durchmesser von 25 cm. Das Innere der milchweissen Blütenglocke, die, vom zartesten Rosenrot überhaucht, sich an 2 m über den

Fig. 1. Lotusblume.

Wasserspiegel erhebt, birgt in ihrem Innern eine Fülle glänzender orangegelber Staubfäden mit weissen Antheren. Die haselnussgrossen, bohnenförmigen Samenkörner liegen in dem schwammigen Fruchtknoten eingebettet. Sie schmecken süss und angenehm und werden, ebenso wie die Wurzel, als Symbol des Überflusses von den Ägyptern gegessen, denn »je mehr Lotus, desto mehr Jahressegen«, so lautet noch heutigen Tages das Sprichwort im alten Wunderlande, und in Griechenland war die poetische Sage von den »Lotophagen«, d. h. den Ägyptern als Lotusesser sehr bekannt und verbreitet. Auch Vater Homer webt sie in den IX. Gesang seiner Odyssee ein und lässt den Helden

1 •

auf seinen Irrfahrten durch «fischwimmelnde Fluten des Meeres» zu
den Lotophagen gelangen, die «blühende Speise» zu geniessen:

«. . . . und sie reichten des Lotus, ihnen zu kosten.
Wer des Lotus Gewächs nur kostete, süsser denn Honig,
Nicht an Verkündigung weiter gedachte der, noch an Zurückkunft,
Sondern sie trachteten dort in der Lotophagen Gesellschaft
Lotuspflückend zu bleiben und abzusagen der Heimat. . . .»

Die Lotusblume war der Isis und dem Osiris geweiht. Isis, die
Mutter der Erde, trägt immer eine Lotusblume,
und die Gottheit des Nils, den Nilschlüssel als
Symbol der Erzeugung, der Fruchtbarkeit in den
Händen, gleitet in einem Nachen über die Blüten-
kelche der Lotuspflanzen. (Fig. 2.)

Fig. 2. Nil-Gottheit.

Dem phantasievollen, beschaulichen Volke der
Inder ist der Lotus (*Nelumbium speciosum*) (Fig. 1.)
noch jetzt eine heilige Pflanze. Ihnen war sie das
Sinnbild der sich stets erneuernden fruchtbaren
Naturkraft.

Brahma, der Allvater, wiegt sich auf einem
Lotusblatte, die Erde selbst ist nach ihren Vor-
stellungen eine riesige schwimmende Lotusglocke;
Lotusblüten schmücken die Wände und Altäre der
Tempel, und die indische Poesie leiht dem Lotus
unzählige reizende Bilder zur Verherrlichung des
Zarten, Lieblichen und Schönen, die sich in den
Poesieen Heinr. Heines träumerisch wiederspiegeln.

Die Papyrusstaude (*Papyrus antiquus*) gehört in die Familie der
simsenartigen Gräser. Der Name ist ägyptischen Ursprungs und bedeutet so viel als Flechtpflanze, da man die Halme der
Staude anfänglich nur als Flechtmaterial, zu Matten,
Schuhen u. s. w. verwendete. Der Stengel erreicht verschiedene Höhe, ist abgestumpft dreikantig und trägt auf
seiner Spitze die von lanzettlich-runden Hüllblättern um-
schlossene Blüte. (Fig. 3.) Die dicht unter der äusseren
Rinde liegende Bastschicht lieferte bekanntlich in ihren
dünnen Häutchen den Alten das Schreibpapier. Ehemals
ward die Pflanze vielfach im Delta angebaut. Jetzt wächst
sie nur noch an den Ufern des unteren Nil und den
dortigen stehenden Gewässern; häufiger kommt sie dagegen in Syrien, Calabrien und Sicilien vor.

Fig. 3.
Papyrusknospe.
(N. d. Nat.)

In den Uranfängen der ägyptischen Baukunst finden
sich natürliche Papyrusstabbündel als Stützen der Holz-
dächer. Dieselben wurden später durch Holzsäulen ersetzt, und diese, in den Privatbauten auftretenden Holzsäulen zeigen naturalistisch treu das Bild der ursprünglichen Papyrusbündelsäule. Der Stengel des Papyrus ist, wie schon

oben gesagt wurde, dreikantig. Auch diese Eigentümlichkeit findet sich auf der äusseren Fläche der Holzsäule scharf ausgeprägt. Auf der Säule erhebt sich das Kapitäl in Form einer geschlossenen Papyrusknospe. Darunter, rings um den Säulenschaft, sind in den fünf Annuli sogar die ursprünglichen Haftbänder angedeutet, welche die Stäbe umschlossen und zusammen hielten.

Aus den Privatbauten der Ägypter ging die Holzpapyrussäule als Steinsäule in die Gräber- und Tempelbauten über, und schon finden wir sie bei Beginn der XII. Dynastie in den Felsengräbern von Beni-Hassan und Gizeh neben der einfachen protodorischen Säule. Der Name »protodorisch« soll die Formverwandtschaft mit der späteren griechisch-dorischen Säule andeuten. Dieselbe stellt sich als sechzehnseitiger, mit ausgetieften Rinnen versehener Pfeiler mit tellerförmiger Fuss- und Deckplatte dar und wird als konstructive Säule bezeichnet, während die Papyrussäule und die neu auftretende Lotuspflanzensäule »symbolifche« genannt werden und später in der ägyptischen Architektur ausschliesslich die Herrschaft behaupten. Auf dem Schaft der Lotuspflanzensäule setzt sich das Kapitäl in Form der geschlossenen oder geöffneten Blütenglocke des Lotus auf. Die Spitzen der Blütenblätter sanft nach aussen gebogen, gleichsam den Druck zu versinnlichen, welchen die zu tragende Last des Gebälks und der Decke ausübt, erscheint das Kapitäl im Tempel von Gizeh anfangs nur als schmucklose Glocke, bekleidet sich aber bald darauf mit Ornamenten, in Form von Blättern, Blüten und Knospen des Lotus, (Fig. 4) mit Schilf- und Papyrushalmen und den Fiederblättern der dort einheimischen Dumpalme (*Hyphaena tebaica*). (Fig. 5.) Die nebenstehende Abbildung einer Papyrussäule aus dem Tempel von Medinet Abu (Fig. 6. 7. nach Dénon) zieht sich unten am Schafte ein, wie es die wachsende Papyrusstaude zeigt; auch der Kranz von Schilfblättern am Fusse der Säule ist für den Papyrus charakteristisch. Ein Stück oberhalb der Basis breitet sich der Schaft plötzlich aus und verschmälert sich nach oben zu, gleichsam als ob er unter dem Kapitäl alle seine Kraft konzentriere, die aufgebürdete Last zu tragen.

Das unter dem Hohlkarnies befindliche Stabornament, wie es sich häufig an den ägyptischen Denkmälern findet, ist einem von Bändern umflochtenen Rohrstabbündel entlehnt.

Der Eindruck der Natürlichkeit bei ornamentalen Darstellungen wird noch lebhaft gehoben durch die Malerei, in welcher die alten Ägypter — im dekorativen Sinne — schon Meister waren. Die in Anwendung gebrachten Hauptfarben sind: Rot, Blau, Gelb mit Schwarz, Weiss für die Konturen und Grün als Lokalfarbe für Stengel und Blumenteile. Häufig gab man, — nach ältestem Brauch — dem Grün auch noch Blau bei.

In einer späteren Periode der ägyptischen Geschichte finden wir die Kunst auf grossen Irrwegen. Die reinen Säulenelemente sind getrübt, mit fremden vermischt. Schafte und Kapitäle sind über und über mit Hieroglyphen, Schlangen und mit Scenen aus dem socialen

Leben des Volkes und seiner Könige bedeckt. Dazu kommt ein über-
ladener Blätterschmuck von Palmen und verschiedenen Wasserpflanzen;
Gehänge von Trauben und Dattelbüschen machen sich an den Säulen-
knäufen in üppigster Weise breit, die schönen Formen verunglimpfend.
Die Baukunst greift zu Verkehrtheiten — wir sehen u. A. die Lotus-
glocke umgestülpt auf dem Pfeiler thronen, — und die ägyptische
Kunst, welche zur Zeit der IV. Dynastie auf dem Wege der allmählichen
Vervollkommenheit war, erstarrt plötzlich mitten in ihrem Streben,

Fig. 4.
Ägyptisches Lotuskapitäl.

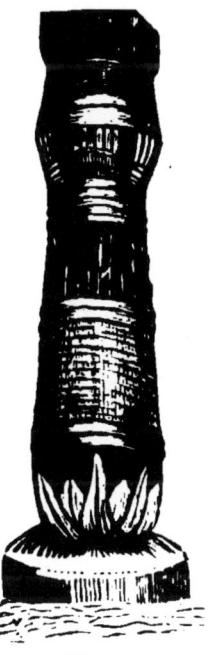

Fig. 5.
Ägyptisches Palmenkapitäl.

Fig. 6. Pflanzensäule
aus dem Tempel von
Beni-Hassan.

Fig 7. Pflanzensäule a. d.
Tempel von Medinet-Abu.

gleichsam vom ausdörrenden Sande der Wüste getroffen, um noch
als Mumie eine dreitausendjährige Existenz zu führen. Die Gründe
für das Stehenbleiben und Erstarren der ägyptischen Kunst sind einmal in der Abgeschlossenheit des Landes zu suchen. Das Volk, —
in seiner Isolirtheit von keiner Seite anregend beeinflusst, — schöpfte
die Kunstideeen aus sich selber heraus und war künstlerisch vollständig ohnmächtig, nachdem die Formen der umgebenden Natur
ausgebeutet waren. Sodann wurde die Phantasie des Künstlers
durch den sogenannten hieratischen Kanon, d. h. durch sanktionirte

Formen gänzlich flügellam gelegt. Er musste genau nach vorge-
schriebenen Proportionen mit Hilfe eines Liniennetzes arbeiten, die
mit grosser Strenge bei Darstellung des menschlichen Körpers und
bei Darstellung aller Tier- und Pflanzengebilde beobachtet wurden.
Auch auf die Malerei und das Kunsthandwerk erstreckte sich das
Kunstgesetz, doch machte sich jedoch bei den letztgenannten eine
grössere Freiheit in der Ausführung bemerklich.

Wie in der Architektur und Ornamentik, so sind es auch wieder
Blätter, Knospen und Blüten des Lotus, welche uns auf den Wandgemälden, den Malereien der Mumienkästen und in den Geweben in

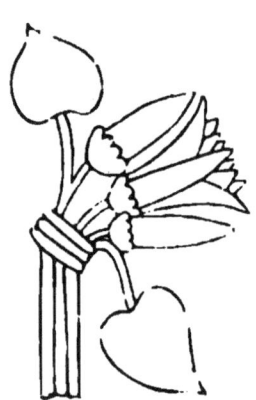

Fig. 8. Darstellung eines Bündels
von Lotusblumen.

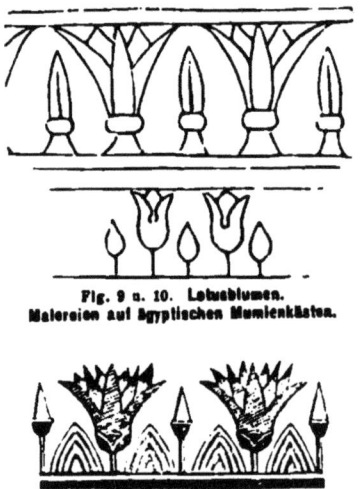

Fig. 9 u. 10. Lotusblumen.
Malereien auf ägyptischen Mumienkästen.

Fig. 11. Blätter, Knospen und Blüten
des Lotus.

mannigfacher Behandlung begegnen, aber alle in starrer Regelmässig-
keit. Auch das Handwerk bemächtigte sich dieser Pflanze. Vasen,
Schalen und mancherlei anderen Gefässen, die aus den Werkstätten der
Töpfer hervorgehen, dient die geschlossene Knospe oder die geöffnete
Blüte als Modell, und die auf der Aussenseite aufgemalten Kelch- und
Blütenblätter gehören zur Vervollständigung der Natürlichkeit. (Fig. 8.
9. 10. 11.) Kriegstrophäen, Musikinstrumente, Vorder- und Hinterteile
der Schiffe, ja sogar die Ruder der Schiffer repräsentierten in Gestalt
und Farbe die lebende Lotusblüte oder die Papyrusknospe. (Fig. 12.)
Noch ist zu erwähnen, dass neben den genannten Pflanzenformen noch
die *Persea cassia*, der Gattung der Lorbeergewächse (*Laureen*) angehörend, ferner auch die Zweige der Akazie (*Acacia vera*) nicht selten
als heilige Pflanzen auf den Götterbildern gefunden werden.

Noch einmal, zur Zeit der Herrschaft der Ptolemäer, erwacht die ägyptische Kunst auf einen Moment aus ihrer Starre, angeregt durch griechische Elemente, welche sich mit ihr vermischen. Ja, sie

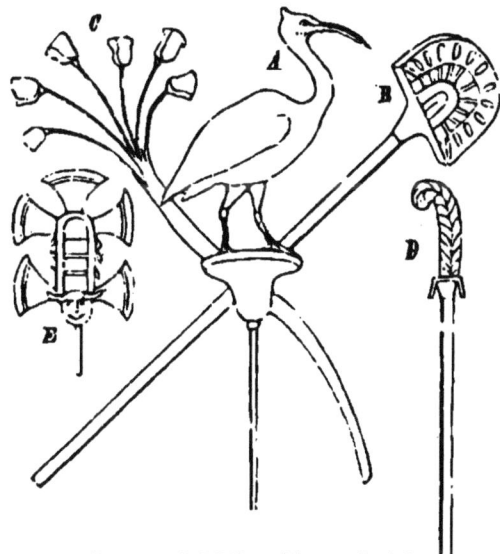

Fig. 12. *A B C D* Heerzeichen. *E* Cymbel.

bricht sogar mit dem hieratischen Kanon, neigt in freier Entfaltung zum Graziösen und Zierlichen, — doch nur kurze Zeit; unter der Herrschaft der Römer fällt sie in ihren Schlaf zurück, aus dem sie nicht wieder erwacht.

Schon lange vor dem Niedergange der ägyptischen Kunst hatte sich unter den ostasiatischen Völkern am Euphrat und Tigris eine rege künstlerische Thätigkeit entfaltet, von der uns die ausgegrabenen, terrassenförmig angelegten Palast- und Tempelbauten der Assyrer, Babylonier und Perser ein anschauliches Bild liefern. Die Bauten der ostasiatischen Völker stehen den ägyptischen Denkmälern, deren Einfluss sich überall fühlbar macht, weit nach. In der persischen Kunst — ein Gemisch aus eigenen und verschiedenen fremden Elementen — begegnet uns die ägyptische Pflanzensäule in unglücklicher, unverständlicher Modifikation. (Fig. 13.) Die Basis der schlanken persischen Säule zeigt den Schmuck herabfallender Blätter. Der Stamm ist gefurcht. Auf dem Stamme sitzt ein Doppelkelch vom Lotuskapitäl, in der Mitte durch eine Perlenschnur verknüpft. Darauf folgt als Fortsetzung des unterbrochenen Säulenstammes ein geriestes Glied mit doppelten aufrechtstehenden Windungen oder Voluten. Ihnen folgt endlich ein Einhornpaar mit dem Balkenkopf in der Mitte. Ähnliche Formen zeigen die Säulen der indischen Tempel (Fig. 14), abweichendere die der Assyrer. Indem ich darauf verzichte, auf einzelne Details näher einzugehen, will ich nur hervorheben, dass in dem plastischen und malerischen Schmuck der Wände und besonders in den Mustern

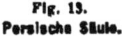

Fig. 13.
Persische Säule.

Fig. 14.
Indische Säule.

der herrlichen Teppiche und Gewebe Indiens und Persiens ein wunderbar schöner Blumenflor auftaucht, der in seinem geschmackvollen Arrangement unser gerechtes Erstaunen weckt und unser botanisches Wissen herausfordert. Neben Lotus und Palme sind es prächtig gezeichnete Rosen, Nelken, Granaten, Geisblattblüten, Haselnuss, Farn und noch eine grosse Menge gestielter und trichterförmiger Blumen von lebhafter Farbe, die sich der näheren Bestimmung entziehen. Das sprosst und schiesst und treibt nebeneinander auf und prangt und lacht, so dass man nicht einen künstlichen, sondern natürlichen Blumenteppich zu sehen glaubt. Dazu wird der reiche Blumenplan von buntschillernden Vögeln und allerlei vierfüssigen Tieren belebt, die über die grossen und kleinen Blütenglocken hinflattern und an dem grünen Blattgerank auf- und abklettern. Unter den Vögeln ist es besonders der Pfau, dessen Federkleid sich der sorgsamsten Ausführung erfreut.

Nicht minder reich und prächtig schmückt sich im alten China das Ornament mit Pflanzengebilden. Es ist eine tolle, phantastische Traumwelt, die uns in den Mustern der seidenen Gewebe und der wundervollen Bemalung der Vasen entgegentritt. Fast scheint es, als wolle ein Künstler den andern in launigen Einfällen und drolligen Faschingscherzen überbieten, denn alles Mögliche und Unmögliche an Fabel- und Tiergebilden hüpft, springt, tanzt und purzelt durcheinander. Dabei wird die quecksilberartige Lebendigkeit des Ganzen durch graziöse Leichtigkeit, Schwung der Konturen und brillanten Farbenglanz noch besonders erhöht. Aber bei allem Schwung, bei aller Leichtigkeit arbeitet der Künstler mit der penibelsten Sorgfalt. Die Malereien bekunden die grösste Naturtreue, die hauptsächlich in der Darstellung der Pflanzengebilde gipfelt. Jedes Staubgefäss, jedes Blattäderchen, jede leise Nuance in der Farbe kommt voll und klar zur Geltung. Der Künstler ist zugleich Botaniker, und aus seiner aufmerksamen Beobachtung, dem ängstlichen Haften an der Pflanzenform, erwächst uns die Möglichkeit, die Flora der Ornamente genau zu bestimmen, welche sich aus Blüten und Blättern des Theestrauchs, aus Rosen, Päonien, Kamelien (richtiger Camellien, nach dem Jesuiten Camellius, 17. Jahrh.), Zweigen des Pfefferstrauches, aus Melonen und den Blüten des *Chrysanthemum* zusammensetzt.

Werfen wir am Schluss dieses Abschnittes noch einen Blick auf die hebräische Kunst.

Selten hat wohl ein Volk in der kurzen Zeit seiner selbständigen Existenz eine so wechselvolle Geschichte aufzuweisen, wie das der Hebräer, der alten Juden. Aus der Ungebundenheit und Freiheit des Hirtenlebens in die Knechtschaft, aus der Knechtschaft zur Freiheit, in der Freiheit sich allmählich unter unzähligen Mühseligkeiten und Drangsalen zu einer wohlorganisierten staatlichen Macht entfaltend, bis Neid und Zwietracht Reich und Einheit zerstückeln und Land und Volk eine leichte Beute mächtiger, heidnischer Nachbarn werden, deren launigem Kriegsglück sie mit unterworfen sind, dann nach blutigen, heroischen Kämpfen, ermattet und resignirt sich lange Zeit dem Schicksale beugend; endlich im Erinnern an die verlorene Selbständigkeit und goldene Zeit seines einstigen Königtums voll hellauflodernder nationaler Begeisterung, ein letzter Aufstand, ein letzter verzweifelter Kampf, der unter entsetzlichen Greueln und Blutvergiessen mit der Zerstörung der eigenen Hauptstadt endet, — und heimats- und vaterlandslos stiebt das unglückliche Volk in alle Winde, um sich nie wieder zu sammeln. . . .

Das ist der Umriss seiner kurzen Geschichte; wir kennen sie alle.

Liess schon in der Zeit der Urgeschichte das Nomadenleben des Volkes die Kunst nur zu geringen Anfängen kommen, — die Genesis gedenkt der Musikkünste des Jubal, der Fertigkeit Thubalkains im

Schmieden von allerlei Erz und Eisenwerk und der verunglückten
Ausführung des idealen, riesenhaften Gedankens, einen Turm zu bauen,
«dessen Spitze bis an den Himmel reiche», — so ward in der Folge
ihre selbständige Entwicklung und Entfaltung durch unglückliche po-
litische Zustände vollständig unterdrückt.

Zunächst waren es die ägyptische Kultur und Kunst, welche den
Hebräern unter dem despotischen Drucke der Pharaonen sowohl ihre
socialen wie künstlerischen Anschauungen diktierten und sie darin erzogen. Dass aber die Zeit des Aufenthaltes am Nil nicht spurlos an
ihnen vorübergegangen und sie auf den Gebieten der Kunst zu einer
gewissen selbständigen Auffassung und beachtenswerten Fertigkeit ge-
langt waren, bewies die eben so praktische wie künstlerisch geschmackvolle Einrichtung der transportabelen Stiftshütte, welche während des
Zuges durch die Wüste die Stelle des Gotteshauses vertrat und erst
in dem goldenen Zeitalter Salomos, unter Beihülfe phönizischer Künstler, durch einen herrlichen Tempel von colossalen Dimensionen ersetzt
wurde. Die Einrichtung desselben übergehe ich und verweise auf die
ausführlichen Beschreibungen, welche uns die Bibel und die Schriften
des jüdischen Schriftstellers Josephus darüber liefern, ebenso auf die
vortreffliche kleine Arbeit von Dr. L. Herzfeld: «Die Kunstleistungen
der Hebräer und alten Juden.» Leipzig, 1864.

Hat sich die hebräische Kunst auf dem Gebiete der Plastik auch
zur Zeit ihrer Blüte nicht über die primitivsten Leistungen emporzu-
schwingen vermocht, so ist die Erklärung für diese Erscheinung besonders in dem damals wohlberechtigten Verbot des mosaischen Ge-
setzes zu suchen, das da lautet: «Du sollst dir kein Bildnis noch
irgend ein Gleichnis machen!» Welch eine Fülle klassischer plastischer
Meisterwerke hat nicht der religiöse Kultus der alten Griechen geboren; zu wie vielen formvollendeten idealen Schöpfungen hat nicht
christlich frommer Sinn die Künstler im Mittelalter begeistert! Bei
den Hebräern aber bleibt das ergiebige Feld dieses Kunstgenres fast
vollständig unbebaut. Die Furcht vor einreissendem Bilder- und
Götzendienst, zu welchem der sinnlich üppige Kultus der umwohnen-
den heidnischen Völkerschaften nicht selten verleitete, gestattete nur
schüchterne Versuche, denen die in Gold getriebene Cherubim auf
dem Deckel der Bundeslade und einzelne Darstellungen von Tierfigu-
ren in den Tempel- und Privatbauten zuzuzählen sind. Das Pflanzen-
Ornament hielt sich in bescheidenen Grenzen. Es entnahm aus der
umgebenden Natur seine Motive. Lilie, Rose, Koloquinte, Granatapfel und Dattelpalme fanden vorzugsweise Nachahmung.

So endeten die beiden Säulen vor dem Heiligen des salomonischen
Tempels mit lilienförmigen Kapitälen. Sie trugen ein Netzwerk mit
zweihundert pyramidal aufgeschichteten goldenen Granatäpfeln. Die
inneren Seiten der Wände des Heiligen und Allerheiligsten waren mit
Cederbrettern verschalt. Ihre Fläche prangte in einem Flor kunstreich
eingeschnitzter und vergoldeter Palmenwedel, Koloquinten und Blumen-
gewinde. Die einzelnen Theile des heiligen siebenarmigen Leuchters

setzten sich aus ineinander gesteckten goldenen mandelförmigen Kelchen, Knollen und Blütenknospen zusammen, und die Aussenfläche der Spülgefässe inmitten des Tempel-Vorhofs war mit mancherlei eingravierten Tier- und Blumenformen geschmückt. Das eherne Meer, eine für die Priester zum Waschen bestimmte mächtige Vase aus Erz, — wohl mehr nach den Intentionen phönizischer Künstler gefertigt, — hatte eine Höhe von ca. 3 m. und einen Durchmesser von ca. 6 m. Sie glich in ihrer Gestalt einem geöffneten Blumenkelch. Ihr Rand endete mit einem Kranz von Lilien. Unterhalb desselben liefen zwei Reihen Koloquinten in erhabener Arbeit um das Becken herum. Das

Fig. 15. a. Blütenzweig der Granate.
b. Granatapfel. c. Granatapfel durch-
schnitten.

Fig. 16. Koloquinten.
(Kopie eines Holzschnittes aus einem Kräuterbuche
vom Jahre 1687.)

ganze Gefäss wurde von zwölf ehernen Rindern getragen. Der Granatapfel, welcher als Muster in den Geweben und Stickereien der alten hebräischen Kunsterzeugnisse am häufigsten auftritt, diente auch als Behänge des hohenpriesterlichen Leibrocks. Den uns überlieferten dürftigen Nachrichten über das Pflanzenornament der Juden sei aus der nachexilischen Zeit nur noch die Notiz beigefügt, dass Josephus von einem riesigen goldenen Weinstock berichtet, der in einer Vorhalle des Tempels stand und manneslange (?) Trauben besass. Schliesslich lasse ich eine kurze Beschreibung des Granatbaumes und der Koloquinte folgen.

Der Granatbaum (*Punica granatum*), wegen seiner schönen

hochroten Blüten bei uns als Ziergewächs gezogen, hat seine Heimat in Mittelasien, Nordafrika und Südeuropa. Der strauchartige, an 3 m hohe Baum ist reich verästelt und zeigt einen reichen Schmuck saftgrüner, glänzender Blätter, welche an roten Stielchen sitzen. Die Früchte, Granatäpfel genannt, haben die Gestalt der Orangen. Sie sind aussen schön rot gefärbt; ihr saftiges Fleisch dagegen ist gelb, und die in ihm eingebetteten Kerne blau. Die Früchte schmecken säuerlich-süss, wirken ungemein kühlend und werden nicht nur frisch gegessen, sondern auch zu Obstwein verwandt. (Hohes L. 8,2.) Der Granatapfel, schon in alter Zeit ein Sinnbild der Anmut und Schönheit, (Hohes L. 4,2), geniesst noch heutigen Tages in Syrien und Palästina dasselbe Ansehn, wie zu den Zeiten Moses. (Fig. 15.)

Die Koloquinte (*Cucumis colocynthes* — Frucht: *fructus colocynthes*) ist ein kürbisartiges Gewächs mit länglichrunden, faustgrossen, dünnschaligen Früchten von gelber Farbe. Das weisse, schwammige Mark derselben schmeckt sehr bitter. Da der Genuss der Früchte purgierend wirkt und Leibweh verursacht, scheint man sie (1 Kön. 4,39) für giftig gehalten zu haben. (Fig. 16.)

Der schlanke hochgewachsene Stamm der Dattelpalme (*Phönix dactylifera*) mit seinen riesigen Blattwedeln und zahlreichen Blüten- und Fruchtbüscheln galt als Bild einer schönen kräftigen Menschengestalt. (Hohes L. 7,7.) Das Wort «Palme» aber —, hebräisch «Thamar», — war in der alttestamentlichen Zeit einer der beliebtesten Frauennamen.

II.

Pflanzenformen
Im Dienste der griechisch-römischen Kunst.

———————

Die griechische Kunst ist nach der Annahme mehrerer Forscher eine Tochter der ägyptischen, und ohne Zweifel haben die Griechen den alten Ägyptern die protodorifche Pfeilerfäule entlehnt. Dies mag im 7. Jahrh. v. Chr. geschehen sein. In diesem Jahrhundert öffnete nämlich das alte Wunderland den Fremden zum ersten Male seine Pforten, und sie kamen und sahen und staunten die gigantischen Bauwerke an. Von Griechenland her ward die Einwanderung so stark, dass die Fremdlinge in der Fremde bald tonangebend wurden und unter Psammetich I. (664—610) sogar eine Dolmetscherschule entstand. Erst nach dieser Berührung sehen wir die griechische Kunst im 6. Jahrhundert einen Aufflug nehmen und mit ihrer Lehrmeisterin einen Wettkampf beginnen, über dessen Ausgang bald kein Zweifel mehr bestand. In dem idealen, unablässigen Streben, aus ihrer pelasgischen Einfachheit heraus sich voll und ganz zu entwickeln, sehen wir Generation auf Generation arbeiten und ringen und nicht eher ruhen, bis ihre Formensprache in ihren vollendeten Erzeugnissen das klar erkennen lässt und sagt, was sie sagen soll. Dies stillstandlose, ideale Streben und Ringen wurde dem Volke wesentlich erleichtert durch den ihm innewohnenden Kunsttrieb und das allgemeine Verlangen nach Kunstgenuss. Eine heilige Liebe zur Natur und eingehende Naturforschung ging mit ihnen Hand in Hand. Daher die vielseitige ästhetische Ummodelung der Pflanzenformen, die in den Ornamenten verwendet werden, daher die sinnige, praktische Auswahl aus den sich darbietenden Pflanzengebilden, daher die geschmackvolle Verteilung, der massvolle Ausdruck und die durchsichtige Verhüllung der entlehnten Naturformen. Die griechische konventionelle Flora in den Ornamenten ist von der naturgetreuen Darstellung der einzelnen Pflanzenarten weit entfernt. Sie giebt nur ihre grossen Konstruktionslinien, und die Entfernung von dem natürlichen Ausgangspunkte ist derartig, dass man die erhaltenen Resultate als eine wirklich neue Schöpfung betrachten kann. Ungeachtet der verhüllenden Darstellung lassen die

griechischen Ornamente dennoch einzelne Pflanzenarten deutlich erkennen. Aloe, Palme, Winde, Lorbeer, Ähre, Epheu, Tulpe, Eichenblätter, Pinienzapfen, der Mohn mit seiner Frucht, die Blüte der
Sonnenblume, beide sehr naturalistisch, ferner das Weinblatt mit einer
in seiner Mitte befindlichen Traube, bilden häufige Wiederholungen.
(Fig. 17 — 20.) In den Rankenzügen der krönenden Elemente der
griechischen Bauwerke finden wir in regelmässiger Abwechselung Palmette und Lotus in freier, geschmeidiger und schwunghafter Entfaltung.

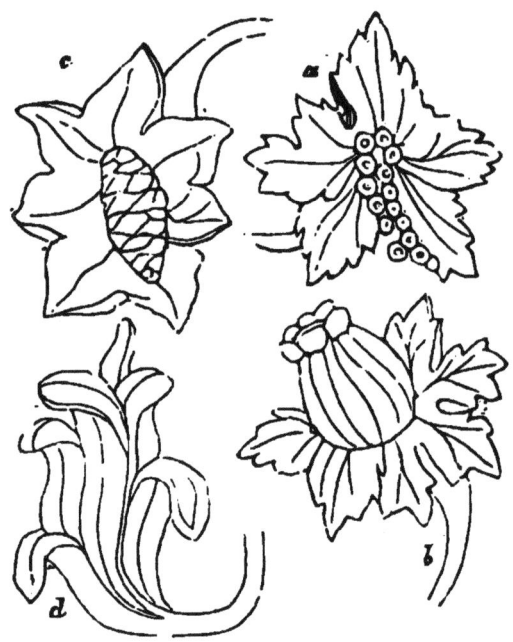

Fig. 17—20. a. Weinblatt mit Traube, b. Fruchtkapsel des Mohn,
c. Blüte der Sonnenblume, d. Tulpe. (Nach O. Schreiber).

Die griechische Lotusblume zeigt einen gestielten, zweiteiligen Kelch;
aus ihm schiessen in der Regel fünf symetrisch angeordnete Blätter
in die Höhe, von denen je zwei seitliche sich sanft nach auswärts
neigen. (Fig. 21 a.) Ausserdem findet sich dieselbe in den Ranken-
zügen der Friese vielfach variiert. Häufig setzt sie sich aus einem
Doppelkelch zusammen, der aus lanzettlichen Spitzblättern besteht.
Aus der Mitte des oberen Kelches erhebt sich der blattartige Stempel.
(Fig. 21 b.) In einem anderen Falle ist der obere Blütenkelch noch
besonders gestielt und erinnert durch die seitliche Entfaltung seiner
Blätter mehr an die Blüte der Iris. (Fig. 21 c.) Nicht selten wird

der blattartige Stempel der Blüte zu einem mit Beeren besetzten Fruchtkolben. (Fig. 21d.) Die eben erwähnte zierliche Palmette, — aus

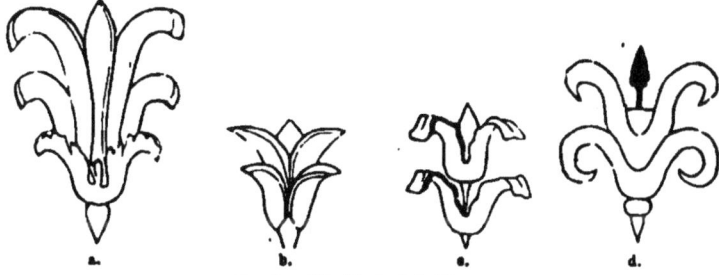

Fig. 21. Griechische Lotusblume.

der auch die Stirnziegel gebildet sind, — welche in so vielerlei Gestalt auf den Tempelfriesen steht und in den Ornamenten buntbe-
malter griechischer Vasen wiederkehrt, ist der Frucht
des Johannisbrotbaumes (*Ceratonia siliqua*) entnommen, indem durch verschiedene Zusammenstellung
und Verdrehung der gefügigen Schoten die ge-
wünschte Form hervorgerufen wurde. (Fig. 22.)
Nach den Ansichten Anderer hat der Palmette das
Geisblatt (*Lonicera caprifolium*) in noch nicht völli-
ger Entfaltung ihrer Blütenblätter zum Muster gedient. Die tragenden Elemente der griechischen
Denkmäler ziert die Blätterwelle: eine Reihe nebeneinander fortlaufender Blätter, verschiedenen Wasser-
gewächsen angehörend. Dieselben sind entweder

Fig. 22. Palmette.

eckig, herzförmig oder rund, bauchig nach aussen gebogen, so dass
die Spitze den Fuss des Zierstabes berührt. In die Zwischenräume
drängt sich ein zweites Band von kleineren spitzen Blättern hinein.
Rand und Mittelrippe der Blätter in der
ersten grossen Doppelreihe sind noch besonders ausgezeichnet und zwar entweder
in der Bemalung durch eine andere Farbe
oder in plastischer Darstellung durch Er-
hebung über die Fläche. (Fig. 23—26.)
Das tragende Element mit runden Blättern
bezeichnet man mit dem Namen Eierstab.

Fig. 23. Blätterwelle.

Nach Racinet ist jedoch dies in Eiform behandelte Ornament den
in aufgesprungenen Schalen der Rosskastanie (*Aesculus hippocastanum*)
eingebetteten Früchten entnommen. (Fig. 27.) Die als Fessel der
Blätterwellen an ionischen und korinthischen Säulenkapitälen auftretende
Perlenschnur ist nach Lohde als hieratisches oder heiliges Symbol
anzusehen. Die Scheibchen und Perlen, paarweise aneinandergereiht,

deuten auf die Samenkügelchen und Linsen gewisser den Gottheiten geweihten Pflanzen. (Fig. 25. 26.)

In anderen schmückenden Haftmitteln der architektonischen Glieder, den Laubbändern und Blättersträngen, begegnen uns Weinrebe, Lorbeer, Eiche, Epheu und Myrthe in mehr oder minder stilisierter Form.

Der berühmteste Ornamententypus der griechischen Kunst ist jedoch das Blatt des Akanthus.

Fig. 24. Blätterwelle.

Der Akanthus oder echte Bärenklau ist ein naher Verwandter unseres einheimischen Bärenklau (*Heracleum sphondilium*). Er wächst als Staude in Griechenland und Italien überall wild und ist überhaupt durch ganz Südeuropa verbreitet. Aus der Mitte des Blätterbüschels erheben sich bis zu 1,5 m Höhe die stattlichen Blütenschafte, ringsum mit Rachenblüten besetzt. Die sitzenden Blüten stehen in den Achseln tief gezahnter, dorniger Deckblätter. Sie sind einlippig und bilden eine prächtige Ähre. Der obere Teil des Kelches ist stark entwickelt, etwas gewölbt und von rötlichen Adern durchzogen. Er vertritt die Stelle der Oberlippe der Blumenkrone und schützt die zwei langen und zwei kurzen Staubgefässe der Blüte. Die Farbe derselben ist ein vom leichten Rosenrot angehauchtes Weiss. Sie bildet eine kurze Röhre mit stark entwickelter geaderter Lippe. Dieselbe verbreitet sich in der Mitte. Ihr Saum ist drei- oder vierspaltig mit abgerundeten Lappen, von denen der mittlere längere gefaltet erscheint. Die grossen, eiweisslosen Samen der kapselartigen Frucht springen elastisch und mit Geräusch aus der Hülle heraus. Die Blätter sind sämtlich Wurzelblätter, fiederspaltig, breit gelappt, buchtig leierförmig, an 40—50 cm lang und 20—30 cm breit, und mit schönem sanften Schwunge nach auswärts gebogen. (Fig. 28.)

Fig. 25.
Eierstab und Perlenschnur.

Fig. 26. Kapitäl mit Blätterwellen, Perlenschnur u. Lotus.

Fig. 27.
Geöffnete Frucht der Rosskastanie.

Von dieser ausdauernden Pflanze giebt es vier Varietäten, den klassischen weichblätterigen Bärenklau (*Acanthus mollis*), den breitblätterigen Bärenklau (*Acanthus latifolius*), den dornigen Bärenklau (*Acanthus spinosus*) und den sehr dornigen Bärenklau (*Acanthus spino-*

sissimus); die beiden zuletzt angeführten Varietäten sind nach ihren mehr oder weniger spitzen Blattzipfeln so benannt. Bei uns wird der Akanthus gewöhnlich nur in den botanischen Gärten gezogen, doch will ihm unser Klima nicht behagen, das hindernd auf seine Entwicklung einwirkt und die Form seiner Blätter modifiziert. In seiner Heimat wächst der Akanthus viel üppiger, und die Blätter bilden sich viel kräftiger aus.

Fig. 28. Blatt des weichblätterigen Bärenklau (*Acanthus mollis*) n. d. Natur.

Wohin der griechische Künstler blickte, sah sein Auge den stattlichen Blätterstrauss des Akanthus stehen, und so ist es nicht zu verwundern, dass sich die geschmeidige, edelgeschwungene Blattform in die griechischen Kunstschöpfungen mischt, durch alle Perioden der klassischen Kunst den Vorrang behauptet und besonders vom korinthischen Säulenkapitäl unzertrennlich ist. Nicht ganz ohne poetischen Gehalt ist die Sage, die uns von Vasari, nach Andern von Vitruv überliefert worden ist, nach welcher der griechische Bildhauer Kallimachos (ums Jahr 400 in Athen) das Motiv zum korinthischen Kapitäl einem von Akanthusblättern umwachsenen Korbe auf dem Grabe eines Mädchens abgelauscht haben soll. Das korinthische Kapitäl (Fig. 29) hat in seinem sehr zart und sehr frei behandelten Akanthusornament die geschmackvollsten Modifikationen aufzuweisen. Der Bildhauer hielt sich durchaus nicht streng an die natürliche Form des Blattes, sondern benutzte nur den Formgedanken desselben, wie er uns aus den streng stilisierten Ornamenten entgegenleuchtet. Die einzelnen Blätter des Akanthusornaments ruhen auf breiter Basis. Die Nebenrippen der Blattfiedern laufen nicht, wie *in natura*, an die Hauptrippe des Blattes, sondern enden alle einzeln auf der Basis. Die Spitzen der mittleren Partie des Blattes im sanften Schwunge vorn übergeneigt, kommt jeder einzelne Teil desselben, Ränder, Einschnitte und Buchtungen, voll zur Geltung. (Vergleiche Fig. 29.) Bald jedoch genügt das einfache Akanthusblattornament nicht mehr. Schon erhebt sich über dem ersten Kranz ein zweiter, ja, über diesem noch ein

Fig. 29. Korinthisches Kapitäl am Turm der Winde.

dritter von Akanthus- oder Spitzblättern, die sich leicht nach aussen neigen. Das Akanthusmotiv beschränkt sich in seinem Auftreten nicht auf das Kapitäl, sondern geht auch in die Rankenzüge der Ornamente über, sich durch geniale Führung der Linien und reiche Modellierung auszeichnend.

Die Römer waren die Erben der Griechen. Sie hatten durch sich keine eigene Kunst. Nach der ersten Kunstepoche, welche sie den Arbeiten der Etrusker in Mittelitalien verdanken, und die sich namentlich in der hohen Vollendung von Vasen und Goldarbeiten, und in der Architektur durch die Anwendung des Gewölbe- und Arkadenbaues charakterisiert, verlieren die etruskischen Erzeugnisse durch die Berührung mit den griechischen Kolonieen, — deren Traditionen sie nach und nach annahmen, — an ihrer ursprünglichen Originalität. Nach der Eroberung der griechischen Kolonieen gab es in Rom nur noch eine griechische Kunst, die hier freilich nicht die erwünschte ideale Pflege fand, sondern bald durch geschmacklose Überladung, namentlich der Ornamente, mehr und mehr von ihrer ursprünglich klassischen Reinheit verlor.

Da die konventionelle Flora des römischen Ornaments mit der griechischen zusammenfällt, wollen wir uns kurz fassen und nur bemerken, dass neben schon genannten Blattformen eine reiche Fülle von Blüten zur Verwendung kommt, doch sind dieselben so streng stilisiert, dass es unmöglich ist, die Mehrzahl derselben nur annähernd zu bestimmen. Das römische Akanthusornament erscheint schwulstig und überladen; Blattspitzen und Blattlappen sind widernatürlich abgerundet, und durch die überreiche Modellierung und gekünstelte Zierlichkeit ist der Hauch der genialen Entfaltung verloren gegangen. (Fig. 30.)

Der Lotus existiert im römischen Ornament nur dem Namen nach, denn wir vermögen in der römischen Blume, welche diesen Namen trägt und sich dadurch charakterisiert, dass Kelch und Blüten-

Fig. 30.
Römischer Akanthus. (Nach O. Schreiber.)

blätter in einzelne Partieen zerpflückt sind, den ägyptischen Typus nicht wieder zu erkennen.

Die Polychromie finden wir bei den alten Römern in einer hohen Entwicklung. Freilich waren auch auf dem Gebiete der Malerei die Griechen die Lehrmeister der Römer, wie uns die Aufdeckungen von Herkulanum und Pompeji und die Untersuchungen der unterirdischen Gräber bei Rom genügend gezeigt haben. Die Wandgemälde von Herkulanum und Pompeji, sowie die Entstehung der Gebäude selbst, fallen in die Uebergangszeit der hellenischen zur römischen Kunst und sind deshalb nur Nachahmungen griechischer Werke bis auf die Technik der Malerei. Die Gemälde sind entweder auf nassen Kalk *al fresco* oder auf trocknen Grund mit Leimfarbe ausgeführt. Die Grundfarbe ist entweder ein gesättigtes Rot oder ein mattes Gelb, seltener Lila, Grün, Blau oder Schwarz. Die Grundfläche selbst ist sodann mit feiner Berechnung und künstlerischem Geschmack in grössere Felder geteilt, in deren Mitte leichtschwebende Gestalten, Genien, Tänzerinnen, Bachanten und Bachantinnen, allerlei vierfüssige Tiere und Vögel, Scenen aus dem täglichen Leben, Götter, Heroen, allerlei mythologische Gestalten und Landschaften zur Darstellung kommen. Hauptsächlich aber ist es eine reiche Flora, welche in überraschender Naturtreue in tausenden von Bouquets, Guirlanden und Zieraten die Wände schmückt und unsere Aufmerksamkeit fesselt. Wir finden Gelegenheit die Flora des alten Pompeji und Mittelitaliens genau zu studieren, womit noch nicht gesagt sein soll, dass alle abgebildeten Pflanzenarten bei Pompeji vorkämen. So z. B. gehören Nillandschaften mit dem Lotus gar nicht zur Seltenheit. Unter den Bäumen, welche wir in den Landschaftsbildern bemerken, tritt der Ölbaum, die Cypresse, die Pinie und die aleppische Föhre der Küsten des Mittelmeeres in den Vordergrund, also dieselben Bäume, welche noch heutigen Tages den italienischen Landschaften ihren ureigenen Charakter verleihen. Demnächst ist es der Oleander, der sich an den Ufern der italienischen Flüsse angesiedelt hat, ferner die Zwergpalme, über die wir aus Theophrasts Naturgeschichte der Gewächse erfahren, dass sie, wie auch noch jetzt, häufig auf Sicilien, seltener dagegen am Golf von Neapel, zu finden war. Auch die Dattel dekorierte nicht selten die Landschaften. Unter den Getreidearten behaupten Weizen, Mais, Gerste und Hirse (*Panicum italicum*) den ersten Platz. Spargel in Bunden, Zwiebel, Rettig und eine kleine Art Kürbis trifft man, verlockend arrangiert, in den Abbildungen von Vorratskammern und Küchenräumen an. Die zahlreichen Fruchtstücke setzen sich aus Weintrauben, Feigen, Äpfeln, Birnen, Kirschen, Mandeln, Pfirsichen, Pflaumen, Granatäpfeln und Misteln zusammen. Als beliebte Rankenornamente — auch für bemalte Vasen und Säulen — gelten Epheu und Weinrebe. Beide Gewächse waren bei den Griechen und Römern dem Bachus geweiht. Der Epheu (*Hedera helix*), besonders aber *Hedera chrysocarpa* mit gelben Früchten, lieferte Volk und Priestern zu dem tollen Feste des Gottes die Kränze. Natürliche Epheuranken dienten dabei zu Einfassungen von Vasen und Trinkgeschirren. *Hedera* bedeutet daher auch Weinzeichen. Dichter und Sänger wurden als Sieger mit Epheukränzen belohnt und geschmückt. Pindar singt in seinem 5. isthmischen Siegesliede: «Unter den Meistern lobe ich auch den Pytheas, dass er den Lauf der Schläge bei dem Phylakidas so geschickt geleitet hat. Er ist an Fäusten tüchtig und mit Verstand ein Gegner und Ringer. Ergreife für ihn einen Kranz, o Muse, bringe ihm eine wollereiche Binde und schicke ihm zugleich diesen neuen geflügelten Freudengesang.» Der hier als Preisgabe erwähnte Kranz bestand aus Epheugerank, die Binde war aus schön gefärbter Wolle gewebt.

Die auf den Wänden pompejanischer Gebäude befindlichen Darstellungen sind häufig Phantasiegemälde. So sehen wir nicht selten Lorbeer und Myrthe aus dem Stamm einer Dattel wachsen oder umgekehrt eine Dattelpalme als Schössling oder Zweig aus einem Ölbaum hervorspriessen. Diese physiologisch-botanische Unmöglichkeit erklärt sich wahrscheinlich aus dem eigentümlichen Gebrauch der Alten, die verschiedenartigsten Gewächse so dicht aneinander zu pflanzen, dass sie den Eindruck erweckten, als ginge eins aus dem andern hervor. Auf den Wandmalereien vermissen wir jedoch eine grössere Anzahl von Pflanzen, die jetzt in Mittelitalien sehr verbreitet sind, von denen einige sogar wichtige Handelsartikel bilden. Dahin gehören die Aloe, die indische Feige aus der Gruppe der *Kacteen*, die Baumwolle, der weisse Maulbeerbaum, der Reis, die Ananas und die ganze Familie der *Agrumen*: Cedrat, Citrone, Pomeranze und Apfelsine. Plinius *major*, der gelehrte Römer, (starb 79 n. Chr. beim Ausbruche des Vesuv) klagte in seiner *Historia naturalis*, dass es bisher nicht gelungen sei, den medischen Apfel, d. i. den Cedrat nach Europa zu verpflanzen. Erst im dritten Jahrh. n. Chr. begann man in Italien mit dem Anbau der Cedrat. Die Citrone und Pomeranze kamen später nach Europa, aller Wahrscheinlichkeit nach durch die Araber, die Apfelsine noch später aus China durch die Portugiesen.

III.

Pflanzenformen
im Dienste der altchristlichen und byzantinisch-romanischen Kunst.

Der Sturz des weströmischen Reiches, die Gründung des oströmischen und andere politischen Umgestaltungen im Anfange unserer Zeitrechnung brachten nicht nur auf socialen Gebieten, sondern auch auf dem Gebiete der Kunst tiefeingreifende Veränderungen hervor. Der Sieg der Germanen über die Römer war zugleich ein Sieg des Christentums über die entsittlichte und verweichlichte civilisierte Heidenwelt in Süd und West. Das Alte vermorschte und brach zusammen. Andere Anschauungen, diktiert vom Geiste des christlichen Dogma, traten in den Kampf mit heidnischen Traditionen, Sitten und Gebräuchen und der altklassisch-heidnischen Kunst, aber langsam, nur langsam haftete die Tünche, mit der man das Überlieferte zu decken und in Vergessenheit zu bringen suchte, und klein und gering waren die Anfänge der neuen, christlichen Kunst. Ihren ersten Schauplatz haben wir in den Katakomben, d. h. den unterirdischen Begräbniskammern vor den Thoren Roms zu suchen. Sie äussert sich in Decken- und Wandgemälden, auf denen biblische Gestalten und Scenen zur Darstellung kommen, sodann in den Sarkophagenskulpturen. In den Skulpturen finden sich ausschliesslich diejenigen Pflanzen vertreten, welche aus der Heilsgeschichte her tiefe symbolische Bedeutung haben. Entsprechend dem Geiste der christlichen Religion, dem Geiste der Liebe und des duldenden, harrenden Glaubens, waren den Verstorbenen Epheu, Cypresse, Palme und Weinrebe geweiht. Der Epheu ist das Sinnbild der Freundschaft, der vertrauenden Hoffnung eines Schwächeren zu einem Stärkeren, das Zeichen ewiger Dauer. Darum bekränzte man die Toten in den Sarkophagen mit Epheuranken und stellte Vasen mit Epheu zu Häupten und Füssen der Geschiedenen. Die Cypresse ist der Baum der Trauer, der Baum des Todes und doch zugleich das Bild der Unsterblichkeit, da sein Holz der Fäulnis widersteht. In diesem Sinne schmückt das Bild der Cypresse die Sarkophage der ersten Christen. Die Palme kündet Sieg und Frieden. Darum findet man sie in den Bildern der Katakomben neben Christus

den Überwinder des Todes als Symbol der Auferstehung. Von den
Palmen ging die Sage, dass sie, wie der Vogel Phönix, neu aus
ihrer Asche erblühten, und so hat man die Palme den Märtyrern
und Engeln geheiligt. Kreuzweis gelegte Palmenzweige deuten auf
das Kreuz Christi, zwei Palmenzweige daneben auf die Jünger und
Märtyrer des Herrn. Auch die Weinrebe (Fig. 33) findet als symbolische
Pflanze allgemein Verwendung in den Ornamenten der Sarkophage,
Säulen und Altäre. Nach dem biblischen Gleichnis vom Weinstock
und den Reben, wird Christus in der altchristlichen Kunst als Weinrebe mit zwölf Trauben, die Jüngerzahl versinnlichend, dargestellt, oft
wird das Kreuz des sterbenden Herrn zu einem Weinstock. Die Darstellungen von Traubenkelterungen auf den Sarkophagen beziehen sich auf
das Leiden und Sterben des Erlösers, aus dessen Tod und Auferstehung
den Gestorbenen die Hoffnung auf ein ewiges seliges Leben erspriesst.
Im Mosaik eines Rotundengemäldes der römischen Basilika von St.
Klemens in Rom zeigt sich uns so recht die Eigenart der altchristlichen ornamentalen Kunst. Die Mitte des Gemäldes nimmt ein hoher
reichblätteriger Akanthusstrauss ein, der an Frische und Naturtreue
nichts zu wünschen übrig lässt. Aus der Mitte der Staude erhebt
sich ein Kruzifix. Demselben sind weisse Tauben aufgemalt, und
weisse Tauben sitzen auf den Kreuzesarmen. Zwei Frauengestalten
stehen zu Füssen des Kreuzes. Aus dem Akanthusstrausse entwickeln
sich seitlich Akanthusranken. Ohne allen Schwung, ohne Abwechselung füllen sie in stets sich wiederholenden spieraligen Windungen die
ganze Fläche des Gemäldes. (Fig. 32.) Der Raum zwischen den
Akanthusspieralen ist ausgefüllt mit biblischen Figuren und allerlei
symbolischen Tiergestalten: Pfauen, Reihern, Fischen, Adlern, Hir-
schen und Schafen; unter den letztgenannten auch Christus als Opfer-
lamm mit Kreuz und Glorienschein. Die Frucht- und Blumenranke,
welche das Gemälde umzieht, setzt sich aus Kleeblättern, Weinblättern
und Trauben, Lorbeerzweigen mit Früchten, Äpfeln, Orangen, Ähren,
Schwertlilien, Feigen, langgestielten Pinienzapfen und weissen Lilien, —
in Stabform zu Bündeln vereinigt, — zusammen.

In den Katakomben hielten bekanntlich die ersten Christen anfangs
ihre Versammlungen und Gottesdienste ab. Erst zur Zeit Constantins
d. Gr. im 4. Jahrh. finden wir die ersten Bethäuser, die sich dann
allmählich zur Basilika vergrössern.

Nach der Verlegung des Kaisersitzes von Rom nach Constantino-
pel, dem alten Byzanz, gewinnt die christliche Baukunst unter dem
Einflusse der orientalischen Elemente und erweiterte sich zur byzantinischen Kunst; diese ist eine Verschmelzung der griechisch-römischen
und asiatischen, eine Verschmelzung, deren Ausgangspunkt in der
Eroberung eines Teils von Asien durch die Römer liegt, welche,
von der dekorativen Pracht angezogen, im Oriente neue Elemente
fanden, die ihrem prunkliebenden Geschmacke zusagten. Haupt-
merkmale des byzantinischen Stils sind der Rundbogen- und Kuppel-
bau, indem 24 gepaarte oder gedoppelte Säulen die Kuppel tragen.

Neben den Bogensäulen treten kurze, oft gewundene Pfeilersäulen auf, die Knäufe mit wunderlichem Laub- und Riemenwerk und Tierfratzen ornamentiert. Sie gehören keiner bestimmten Säulenordnung an, erinnern aber lebhaft an antike Säulenformen und sind mit griechischen Elementen: Blätterwellen, Eierstäben, Akanthusblättern und Akanthusranken geziert. So oft aber das Akanthusblatt in Anwendung kommt, erscheint es so tot und starr, als sei es eben im getrockneten Zustande aus einem verstäubten Herbarium herausgenommen und an den Steinkern des Kapitäls angeheftet worden. Es hat allen zierlichen Schwung, alle Eleganz verloren. (Fig. 31.) Ebenso unglücklich stilisiert ist die Akanthusranke. Sie gleicht einem dicken, gedrehten Tau, das überall mit kleinen unansehnlichen Blättchen besetzt ist, und unterscheidet sich also in ihrer Bildung durchaus nicht von dem gleichen

Fig. 31. Kapitäl aus der Sophienkirche in Konstantinopel.

Fig. 32. Akanthusranke (altchristlich)

Ornamentenschmuck der altchristlichen Kunst. (Fig. 32.) Neben dem Akanthus findet sich das Weinlaub reich vertreten. Das Blatt gabelt sich in fünf ganzrandige Spitzen und zeigt weder Haupt- noch Nebenrippen. Wäre ihm nicht die Traube, fast naturalistisch, beigefügt, man würde dies Ornamentgebilde nicht als Weinlaub erkennen. Immer aber ist den Ornamenten der Stempel der christlichen Symbolik aufgeprägt. Akanthus und Weinblatt treten stets in der Drei-, Fünf- und Siebenzahl auf, denn drei Blattspitzen oder Blattlappen deuten auf die göttliche Dreieinigkeit, fünf (Fig. 33) dagegen auf die fünf Wundmale des Herrn und sieben auf die sieben Todsünden.

Fig. 33. Weinblatt (altchristlich).

Der byzantinische Stil beherrschte das ganze frühe Mittelalter, verfeinerte sich aber in seiner weiteren Ausbildung durch fortwährende Hinzunahme antiker Überlieferungen zu dem sogenannten romanischen Stil, dessen Beginn in das 10. Jahrh. fällt, und der in Italien, Frankreich, England und Deutschland verschiedene Ausbildung erfuhr. Zu erwähnen ist, dass im romanischen Baustil der Rundbogen Anwendung findet, dass für die Säulenbasis vier abgestumpfte Ecken mit Pflanzenblättern, Knollen, Klötzchen, Vogel- und Tierfüssen charak-

Fig. 34. Palmetten (romanisch).

teristisch sind, dass sich hin und wieder zum Rundbogen schon der Spitzbogen gesellt und dass die Säulenschafte entweder Würfel- oder Glockenkapitäle tragen, die mit sehr stilisierten Blatt- und Rankenornamenten, mit Riem- und Flechtwerk und allerlei phantastischen Tiergestalten geziert sind.

IV

Pflanzenformen

im Dienste der arabisch-maurischen Kunst.

Während im Orient und Occident christliche Lehre und christliche Kunst immer tiefer Wurzel schlagen und Segen und Belebung ausstreuen, erwächst im brennenden Wüstensande Arabiens, gezeitigt von glühender Phantasie, erbaut auf den Lehren der Bibel, eine neue Religion. Stolz und trotzig erhebt sie ihr Haupt. «Es giebt nur einen Gott, und Muhamed ist sein Prophet», so lautet die Inschrift ihres Streitpaniers, und wer sich diesem Dogma nicht beugt und der Fahne nicht folgt, wird von ihren fanatischen Aposteln zertreten. Mit Feuer und Schwert fährt sie über die erschreckten Völker, ihnen ihren Glauben und neue Sitten einimpfend. Unaufhaltsam in zügellosem Vordringen eilt sie über das mittelländische Meer, und erst hier im Lande Spanien wird ihrer Verbreitung Halt geboten. Nun gezügelt und gebändigt, entwickelt sie eine friedliche künstlerische Thätigkeit in dem Aufbau ihrer Gotteshäuser, Moscheen genannt, und dem Bau herrlicher Paläste, deren Trümmer noch heute unser Erstaunen und unsere Bewunderung erregen.

Arabien! Das Land der Wunder und Gesänge. Wer dächte nicht sogleich an das phantastische Märchengespinst von «Tausend und eine Nacht!» Ist es uns doch in unserer Jugend nicht besser ergangen wie dem Sultan Sherias bei den Erzählungen der lieblichen Sheherasade: man lauscht und lauscht und hört sich nicht satt. Weiter und weiter im bunten, wirren Zickzack entrollt sich Bild auf Bild vor unserer erregten Phantasie, eins immer farbenglühender als das andere. In der Mitte angekommen, haben wir den Anfang vergessen, aber was thut's? Es hört sich lustig an . . . Nur weiter, — weiter!

Ja, das Märchen ist das echte Kind des Arabers, der Ausfluss einer phantastischen Träumerei, die den Grundzug seines Wesen bildet. Unruhe, Drang, eine ungezügelte Phantasie mit einem unerschöpflichen Bilder-, Formen- und Farbenreichtum offenbaren sich als besondere

Charaktermerkmale in allen Erzeugnissen der arabischen Kunst, treten
uns überall blendend entgegen, zeigen sich aber nirgends prägnanter
als in der ureigenen Schöpfung der Arabeske. Schnaase nennt die
Arabeske das «Märchen der Linie», und sie ist in Wahrheit das
sichtbare Märchen aller Kunstschöpfungen. Dieses vage und doch so
fein berechnete Linien-Ranken-Blattwerk und Schriftzeichenspiel, das
sich auf Grundlage irgend einer geomertrischen Figur im regelmässigen
Wechsel bis ins Unendliche wiederholt, so dass man nie imstande ist,
eine der sich bildenden Figuren sinnlich ganz zu erfassen, sondern, da
das Auge dem Lauf der Linien folgt, immer von einer zur andern ge-
wiesen und von dem scheinbar bunten Wechsel der Gestalten gefesselt
wird; diese harmonische Farbenpracht der Ranken und Linien, die
sich, in verschiedener Zeichnung, bald mit einander verflechten, bald
einander ausweichend im Wirrwarr der Figuren verlieren, um sich
später wieder zu vereinigen: gewiss, die Arabeske ist ein neckisches,
buntes Linien- und Farbenmärchen! Ohne Auge und Sinn zu ermüden,
bietet sie in ihrer erkünstelten Regellosigkeit dem Beschauer fortwäh-
rend neuen unerschöpflichen Stoff zum Nachdenken, lässt ihm aber
demungeachtet vollkommene Freiheit, seinen Gedanken nachzuhängen
und sich in Träumereien zu versenken.

Dass bei dieser besonderen Art von Phantasie-Ornament die
Pflanzenform nur streng stilisiert Berücksichtigung fand, erklärt sich
aus dem Wesen der Arabeske. Die Nachbildung von Tiergestalten
war dem Künstler nach dem Gesetz des Koran streng verboten. Daher ist die Fauna vom arabisch-maurischem Ornament vollständig aus-
geschlossen, und die Löwen im Hofe der Alhambra, so wie einige
vereinzelte, immer streng stilisierte Darstellnng aus dem Bereiche der
Tierwelt sind als seltene Ausnahmen für das Umgehen des Verbotes
zu bezeichnen.

Fig. 85. Blatt der Roßkastanie.

Wie die Grundzüge der griechisch-
byzantinischen Kunst in den ältesten
Bauwerken der Mauren unverkennbar
sind, so nimmt auch das Ornament
seinen Ausgang von griechisch-byzan-
tinischen Motiven. Der Lotus und die
Palmette, beide anfangs in ziemlich
getreuer Wiedergabe, erleiden im Laufe
der Zeit wesentliche Umgestaltungen.
Durch Auslassung einiger Blätter verlieren die gestrahlten Blumen die
strenge Geschlossenheit und ihre von
einem gemeinsamen Punkte aufschiessen-
den Teile können sich nun in dem für sie neu gewonnenen Raum
frei, leicht und schwunghaft entfalten. Das ganze federartige Gebilde nähert sich in seinem neuen Habitus mehr und mehr dem
Charakter der Schwertlilie; es wird durch geniale, feindurchdachte
Fortführung seiner Elemente in kühnen Schnörkeln, Bogen und Linien

zum Mittelpunkte der Rankenzüge, die immer und immer wieder zum ursprünglichen Motiv zusammentreten, um sich entweder über die ganze Fläche des Ornaments zu verbreiten, oder, in sich abgeschlossen, das Netzwerk der einzelnen geometrischen Figuren zu füllen und zu beleben. Ungeachtet der strengen Behandlung, lässt die Flora der arabischen Ornamente doch hin und wieder die natürliche Form der entlehnten Pflan-

zenvorbilder durchblicken, so dass eine grössere Anzahl derselben bestimmt zu werden vermag. Zu ihnen gehört in erster Linie das Akanthusblatt, das sich den Ranken-zügen und Flecht-mustern federähn-

Fig. 30. Arabeske aus der Sophienkirche in Konstantinopel.

lich, oft durchbrochen, scharf spitzblättrig einschmiegt und dem gefiederten Blatt der Rosskastanie, dem der Weinrebe und der Vogelfeder den Vorrang streitig macht (Fig. 35. 36). Das Weinblatt ist in der maurischen Kunst teils naturalistisch gehalten und zeigt alsdann 3—5 Blattlappen; in die sich von der Mittelrippe aus die Nebenrippen verästeln, oder es ist ro-settenartig stilisiert, fünf-lappig und hat in seiner Mitte eine Traube, ist also eine ziemlich getreue Nach-ahmung desselben Orna-mentengebildes der griechi-schen Kunst. Die Traube erfährt eine eigenthümliche Darstellung; sie erscheint nämlich in einer ovalen oder mandelförmigen Hülse steckend. (Fig. 37.) An weiteren Pflanzen enthalten die Ornamente: Blätter der Farn, Knospen der Oran-gen, Zapfen der Pinie, Granatäpfel in mannigfach-ster Modifikation, Palmen-

Fig. 37. Arabisches Weinblatt mit Traube.

wedel und Blätter und Blüten vom Schneckenklee (*Medicago arbora*), der in Südeuropa ein hübsches über 1 m hohes Bäumchen bildet.

In keiner Kunst spiegeln sich die nationalen Charaktereigentüm-lichkeiten so getreu wieder, wie in der arabisch-maurischen. Wie das

Leben der Araber vorwiegend ein inneres beschauliches ist, das Äussere dagegen wesentlich vernachlässigt wird, so zeigen auch ihre Bauwerke im Innern eine überschwängliche Pracht auf Kosten des Äussern. Zu den Eigentümlichkeiten der maurischen Architektur gehören die hohen, schlanken Minarets der Moscheen mit ihren in Zwiebelform gebauchten und ruhelos und müssig schweifenden Kuppeln, ferner die Anwendung des Hufeisen- und Kielbogens und vorkommendes Auftreten des Spitzbogens, sodann die zierlichen Säulen der luftigen hohen Hallen und die in wunderbarer Farbenpracht wie buntes Spitzengewebe oder niedliche Filigranarbeit gebildeten Stalaktitengewölbe.

V.

Pflanzenformen
im Dienste der gotischen Kunst.

Das gestaltende Prinzip in der christlichen Baukunst ist vom Anfang an die aufstrebende Richtung. Sie hat schon die Wände der Basiliken und die Kuppeln erhöht, tritt immer entschiedener im romanischen Stile hervor und erreicht endlich im Spitzbogen der mittelalterlichen Kunst ihren vollen idealen Ausdruck. Der Charakter des Spitzbogens ist Freiheit, Leichtigkeit und Kühnheit. Die ganze Umfassung der Bauwerke wird zu einem Gerüst von Rippen und Säulen, denen die Mauer nur als Füllung dient. Die Mauerfüllung aber wird durch die hohen, tiefen Spitzbogenfenster sehr reduziert, so dass schliesslich der ganze Bau eigentlich nur noch aus Säulenpfeilern und Fenstern besteht. Die Werke des gotischen Stils steigen schlank und erhaben empor; sie beschränken die Weite, dehnen aber die Höhe aus und gewinnen durch die Spitzbogen die Fähigkeit, die schwierigsten Konstruktionen zu ermöglichen. Der ganze innere Raum wird zu einem spitzbogigen Gewölbe und ist in das Gerippe von Gurten eingespannt, die nach ihrer Zusammenstellung und Form als Stern-, Netz-, Strahl- und Kreuzgewölbe benannt werden. Die Halbsäulen oder Dienste, die die Ausganspunkte der Gewölberippen von unten stützen, legen sich organisch an und gleichen in ihrer reichen Gliederung schlank aufsteigenden Palmenstämmen, deren Kronen die strahlenförmig auseinandergehenden Rippen der Gurte bilden. Die Spitzbogen der Fensteröffnungen sind mit dem sogenannten Masswerk gefüllt, und dieses ist wieder durchbrochen von den wechselnden Formen der Drei-, Vier-, Fünfpässe und Fischblasen. Die Fenster schmücken leuchtende Glasgemälde. Sie erhellen den Raum mit einem gedämpften, die Sinne wundersam bestrickenden Licht. Über den Spitzbogen des Portals sowie über den der Fenster ragt der Ziergiebel, d. h. verzierter Giebel oder Wimperg, d. h. vor Wind und Wetter bergend, spitz und hoch empor. Seine Ecken, sowie die Enden der Strebepfeiler der äusseren Wände sind mit kleinen viereckigen und pyramidalen Türmchen, den Fialen, besetzt. Dieselben sind entweder voll oder mit Nischen versehen, und ihre Kanten nnd die Kanten der Giebel und die der Türme zieren die Krabben oder Bossen. Den Giebel krönt das gotische Kreuz. Die Türme steigen in mehreren Stockwerken auf, gehen in dem oberen derselben aus dem Viereck ins Achteck über und tragen den hohen achtseitig-pyramidalen, künstlich durchbrochenen Helm mit der Kreuzblume.

Dies sind in scharfen Zügen die Elemente der Gotik.

Alle Elemente des gotischen Baues zeigen die reichste Ornamentierung, die sich aus der einheimischen Flora zusammensetzt. Der Ornamentist bricht mit den alten Traditionen: Akanthus und Lotus sind gänzlich verschwunden, sie haben einer Fülle neuauftretender Pflanzenmotive den Platz geräumt, die sich in wunderbarer Schönheit und sprechender Natürlichkeit an allen architektonischen Gliedern entfaltet. Dennoch ist von einer mechanischen Kopierung der Natur nicht die Rede. Es ist nur freie Wiedergabe des Natürlichen, und diese wieder ist mehr vermögende Thätigkeit des Verstandes als der Phantasie. Mit scharfem, berechnenden Blick sucht das Auge des Künstlers aus der Mannigfaltigkeit die Einheit zu finden, gleichsam das den einzelnen Gebilden vom Schöpfer zu Grunde gelegte Gesetz zu erforschen, um dann das Motiv einmal ästhetisch, d. h. nach seiner Schönheit, und sodann geometrisch-praktisch, d. h. nach seiner Form zu verwerten. Er begnügt sich deshalb auch nicht mit einzelnen Formen, sondern macht sich die ganze einheimische Flora dienstbar, um nach Bedürfnis daraus für seine dekorativen Zwecke zu wählen. Doch greift der Künstler nicht willkürlich in die ihn umgebende Pflanzenwelt hinein. Es leiten ihn neben ästhetisch-praktischen Grundsätzen auch religiös-ideale: die symbolische Bedeutung, welche der Volksmund an einzelne Arten der Pflanzen knüpft. Sehen wir nun zu, welche Pflanzenformen durchgehends an den einzelnen Gliedern der gotischen Architektur zur Verwendung gekommen sind, und beginnen wir mit dem Äussern des Baues.

Fig. 38. Pflanzenkreuze.

Vom hohen Giebel des Doms oder der Kirche blickt uns das Symbol der Christenheit, das Kreuz entgegen. Die Enden dreier Schenkel zeigen entweder die Gestalt von Kleeblättern oder Lilienblüten, Äpfeln oder Haselnüssen, und hiernach benennt man es als Klee-, Lilien-, Apfel- oder Haselnusskreuz. Klee- und Lilienkreuz findet man am häufigsten angewandt, denn der Klee ist das Sinnbild der heiligen Dreieinigkeit. Die Haselnuss symbolisiert die Vermehrung und Unsterblichkeit. Selten nur finden neben diesen das Astkreuz Verwendung (Fig. 38 c). In den nebenstehenden Figuren ist a ein

Lilienkreuz, b eine einzelne stilisierte Lilie, wie sie in den Ornamenten zur Darstellung kommt. Dieselbe setzt sich aus drei Blütenblättern zusammen, welche durch ein Band mit einander verbunden sind.' Die beiden äusseren Blätter neigen sich schwunghaft nach aussen, das mittlere grössere ist oben und unten pfeilförmig zugespitzt. Der untere Teil der stilisierten Blumen zeigt in seiner Bildung eine Wiederholung des oberen Teils. Der Lilienornamentenstab tritt schon im 10. Jahrh. durch Ludwig d. Heiligen in Siegel und Wappen der französischen Könige über, die unter den heidnischen Königen vor Chlodwig drei dunkelblaue Kröten im roten Felde zeigten. Chlodwig aber, so erzählt die Sage, übte nach seiner Taufe, auf Antrieb seiner frommen Gemahlin Chlotilde, Werke der Busse und Liebe. Die heilige Chlotilde besuchte öfters einen frommen und weisen Einsiedler in Poissy. Demselben brachte einstmals ein Engel an Stelle des alten ein neues Wappen: drei Lilien im blauen Felde. Dasselbe ward sanktioniert, sogar der Engel als Schildhalter mit in das Wappen aufgenommen und als heilbringend für Frankreich angesehen. Die weissen Lilien wurden später zu goldenen. Jetzt ist an Stelle des alten französischen Wappens mit dem Lilienornament die rot-weiss-dunkelblaue Trikolore getreten.

Fig. 28 d zeigt das Apfelkreuz, — über die symbolische Bedeutung des Apfels weiter unten, — e das Klee- und f das Haselnusskreuz.

Fig. 39. Blüte des Frauenschuh.
(Cypripedium calceolus.)

Die auf den Kanten der freistehenden Giebel, den Kanten der pyramidalen Fialen und Helme auftretenden Kriechenten, Bossen, Krabben oder Krappen zeigen sich in Form hängender Blattknospen oder zusammengerollter Wein-, Eichen-, Ahorn- oder Distelblätter. Oft erscheinen dieselben blasig aufgebaucht und führen alsdann den Namen Knollenblätter. Hauptsächlich aber sind die Krabben und auch die kreuzförmigen Zierblumen auf den Spitzen der Fialen und der Helme der Blüte des Frauenschuh entlehnt.

Der gemeine Frauenschuh (*Cypripedium calceolus*), eine perennierende Pflanze aus der Familie der Orchideen, liebt schattige Waldstellen und ist nicht gar häufig. Sie wird ungefähr 20—30 cm hoch. Der Stengel ist ein-, selten zweiblütig. Die lanzettlichen Blätter, von dunkelgrüner Farbe, umschliessen in ihrem unteren Teile den Stengel. Die vierblätterige Blume gewinnt durch die bauchig aufgeblasene Nektarlippe ein eigentümliches Ansehen. Die Lippe selbst ist schuhförmig, blasscitronengelb und rot punktiert. Sie ähnelt in Wahrheit einem Schuh oder Pantoffel (Fig. 39).

Auch die Volkssage hat sich der Pflanze bemächtigt: Die Jungfrau Maria lieh von ihr die Schuhe, als sie sich mit dem Christuskinde auf der Flucht nach Ägypten befand, und so nennt man sie in Gemeinschaft mit dem weissen Steinklee (*Melilotus albus*) und dem gehörnten Schotenklee (*Lotus corniculatus*) «Marienschuh», vnser lieben frawen schüchlein»: «Unserer lieben Frauen Pantöffelchen» — und im krassen Gegensatz zu diesen Namen wohl auch — Venusschuh.

Fig. 40. Vom Prediger-Kloster in Nürnberg.

Bei einer Vergleichung der oben abgebildeten einzelnen Blüte des *Cypripedium* mit der in Fig. 40 beigesetzten Krabbe und der Kreuzblume des Giebels, lässt sich die Ähnlichkeit zwischen Natur und Nachahmung gewiss nicht verkennen. Die Kreuzblume erscheint schon in den romanischen Bauten. In der Frühgotik zeigt sie sich als halbaufgeblühte Knospe auf Giebelspitzen und Wimpergen (Fig. 41). In der deutschen Gotik tritt sie bald als Helmkreuzblume auf und bleibt es während der ganzen Blütezeit der gotischen Kunst. Anfangs erscheint sie als ein achtseitiger Stengel, der sich an der Spitze zu einem Kranz nach aussen gebogener Blätter entfaltet. Diese umschliessen ein knospenförmiges Gebilde (Fig. 42). Bald aber findet sich über dem ersten noch ein zweiter, ja ein dritter Kranz von Blüten des Frauenschuh, oder von kunstvoll zusammengelegten geschmackvoll gruppierten Knollenblätter, zu denen vorzugsweise

Fig. 41. Kreuzblume aus dem Dome zu Merseburg.

Epheu, Osterluzei, Eiche, Distel, Klee und Feige die Muster geliefert haben, und die ursprünglich an der Spitze des Stengels vorhandene Knospe endet mit einem

knopfförmigen Gebilde. Die Kreuzblumen auf den Helmen der Domtürme zeigen nicht selten eine riesige Höhe. Der Stengel der Kreuzblumen auf den Haupttürmen des Kölner Doms ist 15 m hoch. Drei
Kränze von dicht an einander gedrängten stilisierten Frauenschuh-
blüten spriessen aus ihm hervor; der innere Blumenkranz
ist fast noch einmal so gross als die beiden äusseren.

Dass die Krabben auf einer Krönung des Prediger-
klosters in Nürnberg (siehe Fig. 40) dem Weinlaub entnommen sind und ebenso dem durchbrochenen Masswerk
des Giebels das Kleeblatt zum Muster gedient hat, wird
man ohne Mühe erkennen. Im Masswerk der Fenster und
der Giebel finden wir fernerhin lilienförmige Durchbrechun-
gen, Vier- und Fünfblatt und Muster von Fischblasen verwandt. Die Rosette, (Fig. 43) als Masswerkschmuck schon
in den ältesten Bauwerken, hat ihre Form der gestrahlten
Blüte der Sternblume oder der einer Cruzifere entlehnt.
Sie zeigt zwei vierteilige übereinander gelegte Blattkreise,
von denen der untere seine Blätter stets in den Blattwinkeln des oberen entfaltet. Die Tudorrose im englisch-
gotischen Stile ist der aufgeblühten Rose nachgebildet,
und die Tudorblume der Dachkämme und Firsten zeigt

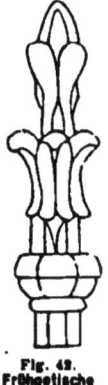

Fig. 42.
Frühgotische
Kreuzblume.

vier in kreisform zusammengelegte Epheu,- Eichen- oder Akanthusblätter
mit blasigen Aufbauchungen. Der graciösen Palmette im englischen
Elisabethstil ist die Blüte des Geissblattes, (*Lonicera caprifolium*) im
Volksmunde, «Je länger, je lieber,» welsche Specklilie, Zaunlilie oder
Waldwinde genannt, zu Grunde gelegt. (Fig. 44 a. b.) An dem Süd-
eingange der gotischen Dome findet man nicht selten ein ornamen-
tales Palmenkreuz, welches am Palmensonntage mit Weidenzweigen
geschmückt wurde. Zudem ist das Portal häufig mit einem in Stein
gehauenen Astwerk umrahmt, dem winzige
Blättchen entspriessen.

Wie im Äussern, so entfaltet auch der
gotische Bau im Innern seine hohe ornamen-
tale Pracht, besonders an den Kapitälen der
Dienste und Pfeiler. Es würde zu weit führen,
wollte ich auf Einzelheiten eingehen. Ich will
mich darauf beschränken, diejenigen Repräsentanten der einheimischen Flora zu nennen,
welche in geschmackvollster Anordnung in den
Säulen- und Wandornamenten auftreten; und

Fig. 43.
Rosette (n. G. Schreiber).

da es manchem Leser von Interesse sein dürfte, zu erfahren, welche
Namen die in der Kunst des Mittelalters zur Verwendung gekommenen
Pflanzen im Volksmunde führten, so lasse ich nebenher die mancherlei
Benennungen für dieselben folgen, wie man sie in alten Kräuterbüchern
aus dem 15., 16. und 17. Jahrhundert findet.

Der Epheu (*Hedera helix*), Maurerpfau, Eppich, — wurde mit
seinen Blättern und Früchten in der Frühgotik sehr naturalistisch

dargestellt, in der Spätgotik jedoch mehr und mehr stilisiert. (Fig. 46, n. d. Nat., Fig. 78, Ornament.)

Das Kleeblatt (*Trifolium pratense*). Fig. 45. Nach Grimm (D. Spr. III.) ist die Wurzel des Wortes *chliuban* = spalten, angels.: *claefan* von den gespaltenen oder «geklobenen» Blättern; althd. heisst der Klee: *chleo*, mittelhd. *klê*, «*veiglein* und *grüner klê*» spielen in den Minne- und altdeutschen Volksliedern eine wichtige Rolle. Kleeblätter schützten nach altem Glauben vor Bezauberung und Hexerei, denn sie sind das Symbol der heiligen Dreifaltigkeit und zugleich das Sinnbild der in Demut harrenden Minne, sowohl der irdischen, als der Gottesminne. Daraus erklärt sich die ungemein häufige Verwendung des Kleeblattes in den Ornamenten der gotischen Kunst.

Die Weinrebe (*Vitis vinifera*) fand in Ranke, Blatt und Traube vielseitige Behandlung. Die Blätter, anfangs flach gebildet, erhielten

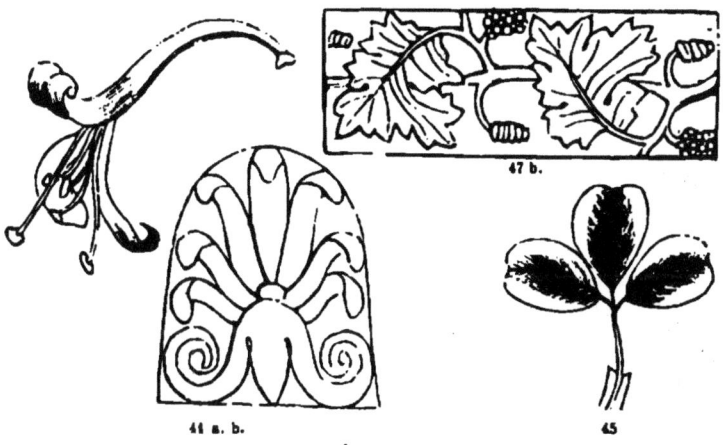

47 b.

41 a. b.   45

später buckel- und knollenförmige Erhöhungen und wirkten durch den dadurch erzeugten Wechsel von Licht und Schatten ungemein plastisch (Fig. 47 a. u. 47 b). In dieser Gestalt sind sie als schmückende Knollenblumen recht oft auf den Kanten der Giebel und Fialen zu finden.

Das Blatt der Feige (*Ficus carica*) (Fig. 48. nach der Natur, Fig. 79. Ornament) ward gewöhnlich nur in seinen Umrissen dargestellt. Es hat eine weniger reiche Modellierung aufzuweisen, als das ihm in den Ornamenten sehr ähnliche Ahornblatt (*Acer campestre*). (Fig. 49 nach der Natur, Fig. 80 Ornament.)

Von Blattgebilden deutscher Pflanzen, welche in den «gotischen Steinblumen» auftreten, sind ferner zu nennen:

Der Huflattich (*Tussilago farfara*), Brandlattich, St. Quirinius-kraut, Eselshub (Huf), Rosshub, «*da sein blatt dem roszhuff gleich ist.*» (Fig. 50.)

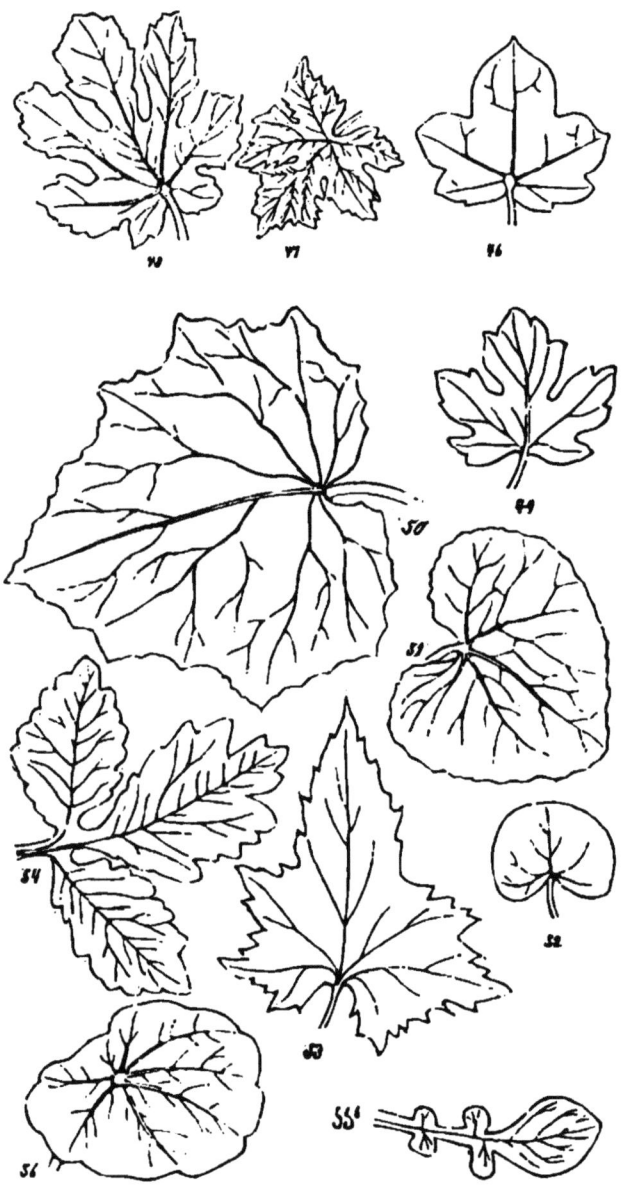

Die Sumpfdotterblume (*Caltha palustris*), Sumpf-, Bach- und Leinblume, gelbe Maiblume, «*Kühblum*, *Moosblum*, *Mattenblum*», Schmerblume, Wasserschmalzblume, Goldwiesenblume u. s. w. (Fig. 51.) Die Haselwurz (*Asarum europaeum*), wilder Nardus, (Fig. 52) mahnt zum Aufmerken und Hören auf das Wort Gottes, da seine Blüten «die Signatur des Ohres» haben. «*Der Conferv aus den Blumen stärkt das Gehör und Gedächtnüss*». (Kräuterbuch, von E. Müller 1687.)

Die Zaunrübe (*Bryonia dioica*), Gichtrübe, Stinkwurz, Schmerwurz, Körfchenswurz, (Fig. 53), durchgehends von grosser Naturtreue, galt im Mittelalter als eine ganz besonders heilsame Pflanze. Man trug die Wurzel derselben am Halse, um gegen Hexenzauber geschützt zu sein, heilte die Gicht damit und schnitt auch wohl die Wunder bewirkenden Alraunen daraus. (Spätgotik.)

Das Schöllkraut (*Chelidonium majus*). Im *Codex Vindob.* 12. Jahrh., *schelhwurz* = Schellwurz, d. h. Schwalbenwurz genannt, denn: «*wann ist, das du den iungen schwalben mit ayner nadel in die augen stychest, so bringet ihr muter zehand die plumen von dem kraut, und hebet die an der kintlein augen, so kompt in das gesicht wieder.*» (*Ortolf von Bayerland*, Arzneibuch, Nürnberg 1477.) Wegen der ihr zugeschriebenen Heilkraft, das verlorene Gesicht wieder zu bringen, die Augen zu stärken, nannte man die Pflanze auch Lichtkraut, Scheinkraut, Herrgottskraut, ferner: Goldmünz, Blutkraut, «*gülden Leu*» und Gilbkraut; (Fig. 54 n. d. Nat., Fig. 92 Ornament). Das Blatt des Schöllkrautes eignete sich vortrefflich als Dekorationsmittel an Friesen und Säulenkapitälen. (Frühgotik.)

Die Brunnenkresse, (*Nasturtium officinale*), «*borenkresse*», (Fig. 55.) Das St. Barbarakraut, (*Barbaraea vulgaris*) Steinkraut, Senfkraut, Winterkresse, (Fig. 55 b.) die Kapuzinerkresse, (*Tropaeolum majus*) (?) (Fig. 56). Das Wort Kresse ist herzuleiten von dem *celt. cres* = Bach, welches zugleich den Standort vieler Kressenarten andeutet. Von den genannten Kressenarten fand ganz besonders das Blatt des St. Barbarakrautes als Ornamentmotiv an den Säulenkapitälen fleissige Nachahmung.

Die Akeley (*Aquilegia vulgaris*), Agelei, Akeleis, «*unser frawen handschuh*», Gotteshütlein, Elfenhandschuh. Das Wort *Aquilegia* ist nicht, wie früher vielfach angenommen wurde, von dem Namen der Stadt Aquileja, sondern von dem althd. *agana* (mittelhd. *agene*) d. h. Spitze oder Stachel herzuleiten, da die Fruchtschoten der Pflanze mit Spitzchen versehen sind und sich bei der Reife in Form von Vogelklauen krümmen. Der letztgenannten Eigenschaft zufolge führt die Pflanze auch wohl noch die beiden Namen Jovisblume und Adlerblume. Jovis = Zeus, dem der Adler geheiligt war. (Fig. 95.) Akeley gehört mit zu den «Liederblumen» der Minnesänger. Konrad von Würzburg (13. Jahrh.) singt von der «*bliienden Ostergloye*», und in *Floris en de Blancefloer* heisst es: «*no acoleie, no lelie, no rose, no viole*» . . .

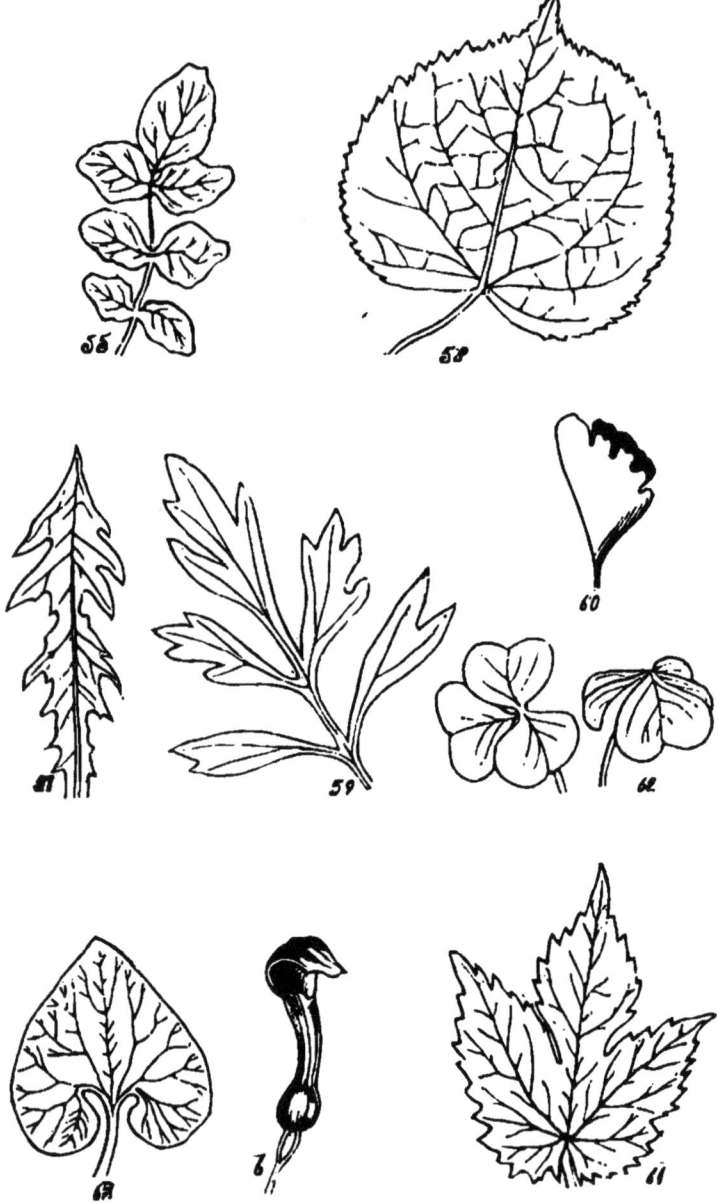

Die Stechpalme (*Ilex aquifolium*). Hülsedorn, Hülse, Hülskrapp, Hülspalme, Stechdorn, Stecheiche. (Fig. 98.) (Siehe darüber weiter unten.)

Der Löwenzahn (*Leontodon taraxacum*). Eine Pflanze, die der Volksmund, bezüglich ihres Habitus und ihrer Eigenschaften so reichlich mit Namen bedacht hat, dass ich mich auf Angabe einer Anzahl derselben beschränken muss. Die gebräuchlichsten waren und sind noch jetzt: Pfaffenblatt, Pfaffenstiel, Pfaffenkron, Pfaffenreis, Mönchsröhrlein, Apostemröhrlein, Pfaffenschell, Mönchsköpflein, Röhrleinskraut, Ringenze, Ringelblume, Kettenblume, Wegelattig, «*majablum*», Eierblume, Ankeblume, Sonnenwirbel, (sehr sinnig und poetisch zugleich) Lichtblume, Lichtstock, Lichtel, «*spinnweb, kankerblum*», Kühblume, Krötenblume, wilde Wegluge, Kiltblume, Gilgene, Hundeblume, Pferdeblume. (Fig. 57.)

Das Sinngrün (*Vinca minor*), Immergrün, Wintergrün, Beerwinkel, Totenviole, Mägdepalme.

Die Linde (*Tilia grandifolia*), (Fig. 58) deren süsser Duft uns überall aus dem grünen Wald der deutschen Volkspoesie entgegenweht, galt seit dem frühesten Mittelalter als ein geheiligter Baum. Es ist hier nicht der Ort, auf ihre interessante Geschichte einzugehen, doch sei erwähnt, dass nicht nur das zarte Laubwerk ihres Gezweigs in den Dienst der Kunst trat, sondern auch ihr Holz als «*lignum sacrum*», d. h. heiliges Holz zur Anfertigung von Heiligenbildern vorzugsweise benutzt wurde.

Ausser den Blättern des Goldmilzkrautes, *Chrysosplenium alternifolium* (Fig. 81, Ornament), der Petersilie, *Petroselium sativum* (Fig. 59, n. d. Nat. und Fig. 82, Ornament.), des gemeinen Bärenklau (*Heracleum sphondylium*), der Ulme (*Ulmus campestris*), Kohlblättern (*Brassica aleracea*), Schilfblättern (*Arundo Phragmites*), Blättern des körnigen Steinbrech (*Saxifraga granulata*) auch «*neunkrafft*» genannt, (Fig. 60, n. d. Nat.), Blättern des Hopfen, *Humulus lupulus* (Fig. 61, n. d. Nat.), der Rosskastanie, *Aesculus hippocastanum* (siehe Fig. 35) sind folgende Pflanzen zu nennen, deren Blattformen uns in den Ornamenten begegnen:

Der Sauerklee (*Oxalis Acetosella*), Buchampfer, Kuckucksampfer, Kuckucksblume. (Fig. 62, n. d. Nat., Fig. 84, Ornament), als Schmuck an Kapitälen. (Frühgotik.)

Die Osterluzei (*Aristolochia clematis*), welsche Hohlwurz, lange Hohlwurz, (Fig 63 a. b., Blatt und Blüte, Fig. 83, Ornament), fand während der ganzen Zeit der Gotik als Rankenmotiv in den Ornamenten Verwendung und fällt die getreue Wiedergabe der Blatt- und Blütenform ganz besonders in die Augen.

Der Wegerich (*Plantago major* und *P. lanceolata*), Wegebreit, Wegetritt, Partenblatt, Wegeblatt, Schafszunge. (Fig. 64 a. b.) Das Blatt des Wegerich eignete sich wegen der charakteristischen Form seiner Blätter ganz besonders zu dekorativen Zwecken, namentlich

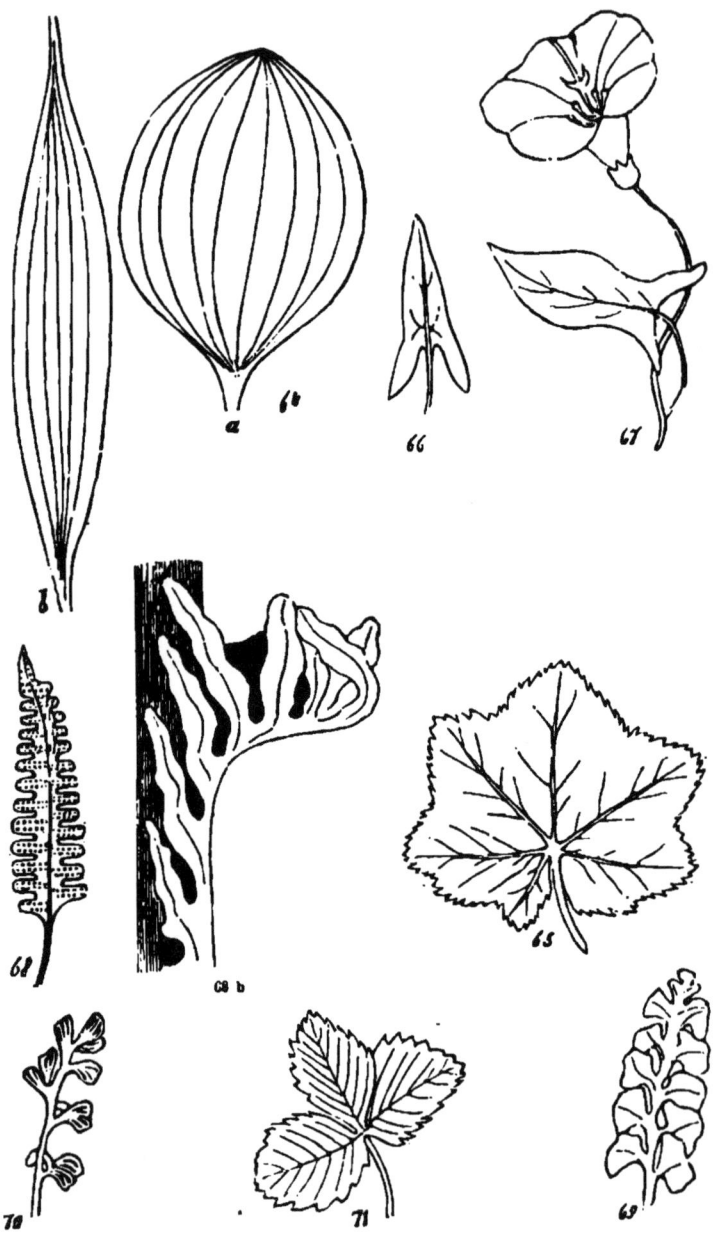

finden wir in der Frühgotik die Spitzblätter von *P. lanceolata* an den Kapitälen zu Kränzen vereinigt.

Die gemeine Malve (*Malva vulgaris*), Rosspappel, Käsepappel, »*käsbrot*«. (Fig. 65. n. d. Nat., Fig. 85, Ornament.)

Der Sauerampfer (*Rumex pratensis*), Hackenscher, Schmerbel, stolzer Heinrich, guter Heinrich. Frühgotik; streng stilisiert.

Das Pfeilkraut (*Sagittaria sagittifolia*) heisst im Holländischen *serpenstrong*, weil man in alten Zeiten glaubte, die Schlangen besässen pfeilförmige Zungen. (Fig. 66.) Auf alten Bildwerken aus dem frühen Mittelalter wird man daher Schlangen und Drachen stets mit pfeilförmigen Zungen dargestellt finden. Die Blätter des Pfeilkrautes sind im Ornament von sprechender Naturtreue.

Die Winde (*Convolvulus*), Zaunschelle, Zaunglocke. (Fig. 67, n. d. N.) Im Ornament häufig als Rankenzug auftretend und nur gering stilisiert.

Der Lauch, *Allium ursinum*. (Diese Pflanze tritt mit Blatt und Blüte erst in der Spätgotik auf.) Der Maulbeerbaum (*Morus alba. M. nigra*).

Die Braunwurz (*Scrophularia nodosa*), Wurmwurz, Knotenwurz, Fischwurz, Käferwurz, grosses Warzenkraut. (Fig. 94, n. d. Nat.)

Die weisse und gelbe Teichrose (*Nymphaea alba. Nuphar lutea*), Seeblumen, Seeplumpen, Nipenblumen, Schwanenblumen. (Fig. 86, Ornament.)

Ferner sind zu nennen: die Wedel von mehreren Farnarten:

Das Engelsüss (*Polypodium vulgare*), Süssfarnwurz, Tropfwurz, Steinwurz. (Fig. 68 a, n. d. Nat., b, Ornament.)

Die Mondraute (*Botrichum lunaria*), »*Mondblum*«, Mondkraut, Walpurgiskraut, Leberraute, Treublatt, Traubenblatt. (Fig. 69, Blatt.) Die Alchemisten suchten aus der Pflanze Gold und Silber zu bereiten und durch dieselbe den Stein zu finden, welcher unsichtbar machte; auch galt sie als Schutzmittel gegen Hexerei und Bezauberung.

Die Mauerraute (*Adianthum album*), Steinraute, Venushaar. (Fig. 70.)

Von den Pflanzen, welche teils mit Blatt und Blüte, teils mit Blatt und Frucht das gotische Ornament zieren, verdienen folgende hervorgehoben zu werden:

Die Eiche (*Quercus*), welche mit Blättern und Früchten ungemein naturalistisch schon in den römischen Ornamenten vereinzelt auftritt, bleibt in der Gotik eines der beliebtesten Ornamentmotive. Das gegliederte Blatt der Eiche gestattete dem Künstler die mannigfachste Behandlung, als schmückendes und füllendes Elementent in Ornamententeilen, als Rosette, als Eckblatt an Säulen (Fig. 87 a) und als Knollenblatt in Gestalt von Krabben auf den Kanten der Giebel und an den Helmen der Kirchen- und Domtürme. (Fig. 87 b.) Die Eichenblätter sind in letztgenannter Eigenschaft oft recht geschmacklos stilisiert. Langgestreckt, die scharfgeschnittenen Blattlappen nach unten gebogen, machen sie auf den Beschauer den Eindruck, als seien es hässliche,

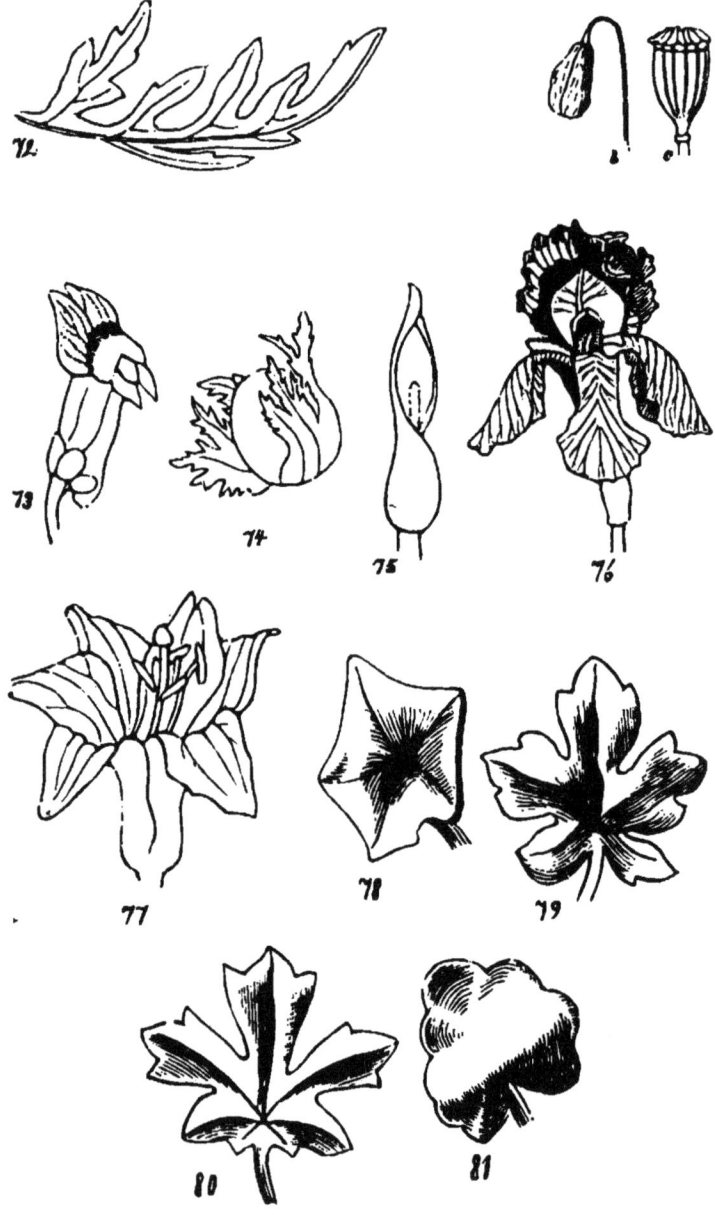

aufwärts kriechende Raupen. Ungemein nüchtern und trocken, band-
förmig in die Länge gezerrt und in wenige schmale Lappen gegliedert,
begegnen sie uns auch in den Rankenzügen der spätgotischen Ornamentik. Sie gleichen in ihrer Form den ebenso unglücklich stilisierten Distelblättern. Das ungemein häufige Auftreten von Blatt und
Frucht, (letztere besonders in der Spätgotik) erklärt sich aus der
symbolischen Bedeutung. Unter Eichen legten nach Einführung des
Christentums die alten Deutschen ihre feierlichen Gelübde ab. Anfangs das Sinnbild des Mächtigen, gewann ihr Laubwerk im Mittelalter die Bedeutung der festen unerschütterlichen Stärke im Glauben.

Der Frauenmantel (*Alchemilla vulgaris*), Sinau, *gülden Gänse-
rich*, Löwenfuss, *unser lieben frawen Mäntlein*, grosser Saunickel.
(Blatt und Blüte). (Fig. 93, n. d. Nat.)

Die Erdbeere (*Fragaria vesca*), Blatt, Blüte und Frucht. (Fig. 71.)

Die Distel (*Carduus acanthoides*), Wegedorn, altnord. *thistil*, im
Cod. Vind. distil; Sinnbild der Trauer, Schmerzen und Leiden. —
Blatt und Blütenkopf. Die Blüte teils naturalistisch (Fig. 88 a), teils
stilisiert (Fig. 88 b).

Der Mohn (*Papaver Rhoeas*), altd. *mage; magsamen, mahenkraut,*
Magblume Schnallblume, Rosenblume, Rosenklapper, Klapperrose,
Klapper — Klatschmohn, rote Kornblume, *Wildenhuel* = wilde
Eule, Eulensaat, Blutblume. (Blatt, — Blüte seltener). (Fig. 72 a.
Blatt, b. Blütenknospe, c. Fruchtkapsel.)

Das Vergissmeinnicht (*Myosotis palustris*) (Fig. 89, Ornament),
Blüte in getreuer Nachbildung; die Sternblume (*Stellaria Holostea*),
Blüte; die Tulpe (*Tulipa*), Blatt und Blüte; der Lorbeer (*Laurus
nobilis*), Blatt und Frucht; die Bohne (*Phaseolus vulgaris*), Blatt und
Blüte; das fliegende Herz (*Diclytra spectabilis*), gebrochenes Herz,
gespaltenes Herz, hängend Herz, — Blatt und Blüte; (?) das Löwen-
maul (*Antirrhinum majus*), Dorant, Orant, Brakenhaupt, Hundskopf,
Teufelsband, Kalbsnase, — Blüte (Fig. 73, Blüte n. d. Nat., Fig. 90,
Ornament); streng stilisiert. Schwarzwurz. (*Symphytum officinale*)
Wallwurz, Beinwurz, Beinwell, *gross waldmeister* (Fig. 91, Ornament);
die Birne (*Pirus communis*), Blatt und Frucht; die Haselnussstaude
(*Coryllus Avellana*), Früchte (Fig. 74, n. d. Nat.). Die Zapfen der
Fichte (*Pinus silvestris*) finden sich als Knospengebilde der Ballen-
blume (Fig 96) und als Abhänglinge (Fig. 97) an den Schlusssteinen
der sich kreuzenden Bogengurte.

Der Aronsstab (*Arum maculatum*), Pfaffenbinde, Pfaffenblüte,
Pfaffenpint, Eselsohr, Pfaffenzagel, Zeigwurz, Zehrwurz, Sparwurz,
Drachenwurz, Fresswurz, Magenwurz, *Teutsch-Ingwer*, Aronswurz,
Aronsmütze, Fieberwurz, — Blatt, Blütentute und Fruchtkolben in
grosser Natürlichkeit dargestellt. (Fig. 75, Fruchtkolben n. d. Nat.)
Die Pflanze erregte durch ihr fremdländisches Äussere ganz besonders
die Aufmerksamkeit der Landleute. Aus ihren vielen Eigentümlich-
keiten resultiert die grosse Anzahl verschiedener Namen, auf deren
Erläuterung hier nicht weiter eingegangen werden kann.

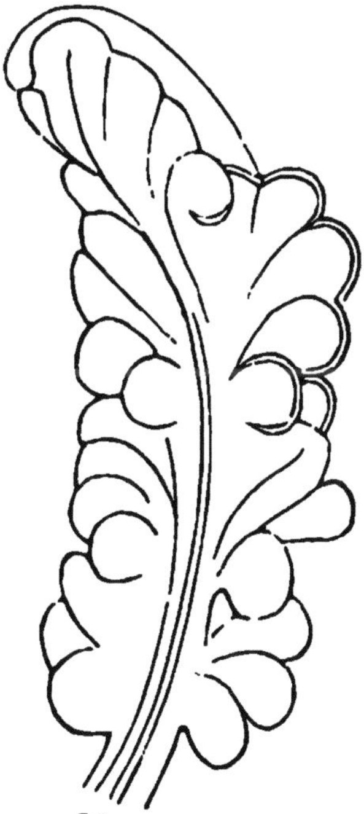

93

90

91

92

94

95

96   97

Das Schlangenkraut (*Calla palustris*), Schlangenwurz, Wassernatterwurz, auch Wasseraron, da diese Pflanze die nächste Verwandte der vorstehenden ist. (Blatt und Blütentute.)

Die Schwertlilie (*Iris germanica*), Schwertel, «*da es bletter hat, gleich den klingen der schwerter*» (Hyronimus v. Braunschweig, 16. Jahrh.), Regenbogenblum, «*darumb also genannt, dahs seine Bloumen mit den Farben der Regenbogen ehnlich sind*», Himmelsschwertel, Gilgenschwertel, Schwertelwurz, «*Veyelwurtzel*», «*Violenwurz*», «*Teichlilgen*», Storchblume. — Blüte. (Fig. 76, n. d. Nat., Fig. 101, Ornament.)

Die weisse und rote Lilie (*Lilium candidum* und *bulbiferum*). Der Name stammt aus dem Celtischen: *Gil* und bedeutet Gewässer; angels. *lilige*; althd. *lilio*, *lilia*, später: *gilgen*, *lilig*. Nebennamen sind noch: Goldlilie, Feuerlilie, Safranlilie, «*Goldwurtz*», «*Cymbalen*» u. s. w. — Blüte. (Fig. 77, n. d. Nat.) (Einige Notizen über diese Pflanze siehe weiter unten.)

Die soeben genannte Ornamentenflora wiederholt sich auch an allem Schnitzwerk in den Kirchen, Domen und Klöstern, an Altären, Taufsteinen Heiligschreinen, Altar- und Sakramentschreinen, und in den Patrizierhäusern an dem Hausgerät, den Tischen, Stühlen, Schränken, Truhen, Rahmen und Ofenkacheln und bekundet oft eine tiefsinnige Auffassung, einen feinen Geschmack und hohes technisches Geschick des Künstlers.

VI.

Pflanzenformen,

das Initialen- und Miniaturen-Ornament.

———————

n den Miniaturen aus der Zeit des Mittelalters erblüht eine
wunderbare Pflanzenwelt, die uns zur vollen Bewunderung
hinreisst, da sie den emsigen Fleiss, die gewissenhafte und
liebevolle Hingabe des Künstlers an sein Werk auch in dem
Unscheinlichsten verrät.

Die Miniaturen verdanken ihre Entstehung dem christlichen Kultus, denn nichts war natürlicher, als dass man die
zu den heiligen Gebräuchen nötigen Bücher, welche mit der
bestmöglichsten Sorgfalt geschrieben wurden, auch künstlerisch
zu schmücken suchte. So entstanden die herrlichen Einbände,
so die gemalten Anfangsbuchstaben, Initialen, und endlich ganze voll
ausgemalte Bildseiten, deren Ränder wieder mit zierlichen Arabesken,
Ranken und Schnörkeln umgeben waren und zur Illustration des
Textes dienten.

Die Miniaturen, d. h. Kleingemälde, abgeleitet von *minium* —
Mennige, weil die Rubriken und Initialen anfangs mit roter Farbe
gemalt waren, erblühten schon zur Zeit Konstantins d. Gr. im vierten
Jahrh. und erlangten in der byzantinisch-romanischen Zeit eine be-
achtenswerte Ausbildung. Zugleich begann sich im Abendlande, ums
Jahr 800, unter dem Schutze Karls d. Gr. die deutsche Miniatur-
malerei nach dem Muster der byzantinischen zu entwickeln, um nun
durch das ganze Mittelalter hindurch eine köstliche Fülle von reizenden Blüten zu treiben, die zerstreut in den alten Pergamenten und
Handschriften der Bibliotheken uns heute noch erfreut und Herz und
Sinn erquickt.

Die Miniaturen waren zu Anfange ihres Enstehens Wachsmalereien.
Später malte man mit Wasserfarben, die mit Eiweiss, Gummi, Eigelb
und Leim in die Zeichnung eingetragen wurden. Gold, das man
nicht schonte, ward als Blattgold aufgelegt oder in Lösung mit dem
Pinsel auf das Pergament oder Papier gebracht.

Die Maler der Miniaturen waren teils Mönche, teils Laien. In den stillen Zellen einsam gelegener Klöster entwickelten sie im frommen Eifer ihre künstlerische Thätigkeit sich zu Ehren und der Kirche zur Zier. Waren die Klöster bei Beginn des Mittelalters die einzigen Pflegestätten der Bildung, die Ausgangspunkte aller Kultur, so ward ihr Einfluss besonders segensreich durch die Einführung des Garten- und Feldbaues, auf den die Mönche durch die isolierte Lage der Klöster angewiesen waren. Besonders zeichnete sich der Orden der Cistercienser darin aus, 1089 gestiftet, der an den Küsten der Ostsee, wo das Christentum festen Fuss fasste, allüberall mit dem Aufbau von Klöstern und der Urbarmachung des Bodens begann und innerhalb und ausserhalb der Klostermauern die herrlichsten Getreide-, Wein-, Obst- und Gemüsekulturen schuf. Dem Orden der Cistercienser eiferten die übrigen nach. Fulda, St. Gallen, Reichenau, Tegernsee u. a. sind nicht nur ihrer wissenschaftlichen Bedeutung wegen, sondern auch durch den praktischen und daher ergiebigen Ackerbau weit bekannt und berühmt. Es konnte nicht fehlen, dass die Ackerbau treibenden Mönche durch den fortwährenden Umgang mit der Natur auch auf die Naturwissenschaften und unter diesen besonders auf das Studium der Botanik hingelenkt wurden, und dass die vom Staub der Vergessenheit bedeckten Schriften eines Aristoteles, Theophrast, Damascenus, Hippokrates, Galenus, Plinius und anderer Forscher aus der altclassischen Zeit wieder voll zu Ehren kamen, um die Grundlage neuer Forschungsresultate zu bilden, wie die Schriften der heiligen Hildegard, Äbtissin des Benediktinerinnenklosters bei Bingen: «Das Buch der zusammengesetzten,» das «der einfachen Medizin» und «Die neun Bücher von den geheimen Kräften der verschiedenen Naturen der Geschöpfe» bekunden. In den beiden ersten Büchern des letztgenannten Werkes werden an 300 Pflanzen angeführt. Eine umfassende botanische Kenntnis verraten ferner unter den naturwissenschaftlichen Schriften des Bischofs Albert von Cöln (1193—1280) die «sieben Bücher von den Gewächsen,» in denen unter anderem ein gut Stück Pflanzenphysiologie zu finden ist. In dem schwäbischen Mönch Walafried Strabo (807—849), Schüler des Rabanus Maurus, begegnet uns der erste Botaniker und Idyllendichter. In seinem «*Hortulus*», über fünfhundert Verse umfassend, schildert er dem Abt von Reichenau in den lieblichsten Farben die vielen Freuden und kleinen Leiden, welche ihm die Pflege des Klostergartens bereitet. Von jedem Pflänzchen auf den Beeten: der Rose, der Raute, dem Liebstöckel, dem Rettig u. a. m. weiss er etwas Schönes, Sinniges und Nützliches zu plaudern. Ich kann es mir nicht versagen, einige der fliessenden Hexameter (nach F. W. Jessen: Botanik der Gegenwart und Vorzeit) über die Lilie hier folgen zu lassen:

> «Doch der Lilie Glanz, wie kann im Vers und Gesange
> Würdig ihn preisen der nüchterne Klang meiner dürftigen Leier,
> Abbild ist ja ihr Glanz von des Schnees leuchtender Reinheit;
> Lieblich mahnet ihr Duft an die Blüte sabäischer Wälder.

Weder dem Edelgestein an Glanz, noch an Duft der Narde
Unsere Lilie weicht. Doch wenn die listige Schlange,
Mit todbringendem Biss auf Tücke sinnend von jeher,
Das gesammelte Gift ausspeit, mit heimlicher Wunde
Sendend schrecklichen Tod bis tief ins innerste Leben,
Heilsam ist alsdann, die Lilie im Mörser zu stampfen,
Mit Falerner zu trinken den Saft. Ja, wird das Zerstossene
Nur auf die äusserste Spitze der Zunge getropft dem Erbleichten,
Bald wohl magst du erkennen die herrlichen Kräfte des Mittels
Denn schon solchergestalt hebt es der Glieder Erstarrung.«

Darf es uns Wunder nehmen, dass bei dieser Hingabe an die
lieblichen Blumenkinder der Natur, die zu den einsamen Mönchen
ihre stille und doch so beredte Sprache redeten, die einzelnen Pflanzen-
gestalten wie stille Freunde in dem beschaulichen Leben der Brüder
Bedeutung gewannen und die kunstgeübte Hand ihr Bild auf Pergament und Papier zu bannen suchte, so greifbar natürlich, so farben-
frisch, wie die Natur nur bildet?

Und nun: Wo und wie soll ich anfangen, dieses üppige, sprühende
Blumenleben zu schildern, zu zeichnen, das uns aus den Miniaturen
alter Handschriften entgegenlacht, das da knospet und treibt und
klimmt und rankt und sich strahlend entfaltet? Alle Schilderungen und
wären sie auch noch so lebendig, sie werden dieser Herrlichkeit gegenüber nur schwache Versuche bleiben.

Hier ein erstes Blatt! Es ist, als ob von einer unsichtbaren
Hand ein Regen von Sternblumen entsendet würde. Welch ein liebe-
volles Arbeiten, welch ein sinniges Belauschen des Werdenden und
Gewordenen spricht sich in dieser Blütenfülle aus! Von der ersten
zartesten Entwicklung der Knospe an bis hin zu der erschlossenen
schneeweissen Blüte, welch eine Menge von Zwischenstadien! Wie
sauber, wie rein die Farbentöne, und wie weiss der Künstler seinen
Vorteil für plastische Darstellung des Einzelnen dadurch zu nützen,
dass er einen braunen Untergrund wählt und von den Blüten und
Knospen tiefe Schlagschatten werfen lässt, so dass es den Anschein
bekommt, als lägen sie nicht auf dem dunklen Untergrund, sondern
über demselben und schwebten frei in der Luft.

Ein anderes Blatt zeigt auf dunklem Untergrund architektonisch
geordnetes Astwerk. Gerade, als wäre es aus Holz geschnitzt und ver-
goldet, so hebt es sich von der Fläche ab. Aus den vergoldeten
Ästen des Rahmens aber bricht ein reicher Flor von Blattwerk und
Blüten; saftige Früchte drängen sich dazwischen hinein. Hier Nelken,
da Rosen und Tausendgüldenkraut, dort blauäugige Vergissmeinnicht
und dreifarbige Veilchen schauen aus dem gesättigten Grün des
Epheugeranks neckisch heraus.

Ein drittes Blatt zeigt auf dunklem Untergrund zwei sorgsam
ausgeführte Lilienstäbe, wie wir sie im Frühling · auf dem Markte
kaufen. Die goldgelben Antheren der schwanken Staubfäden scheinen,
von unsichtbarer Hand bewegt, förmlich zu erzittern.

Auf einem vierten Blatte präsentiert sich ein ganzer Gartenflor. An den Weinranken des Blattornaments hängen die braunen Früchte der Haselnussstaude, daneben prangen brennend rote Mohnblüten auf goldenem Grund. Stechpalmen, naturalistisch oder stilisiert (Fig. 98. 99) stehen bei den mit saftigen Früchten verlockend dargestellten Erdbeeren und den Blütenstengeln der Malve.

Ein fünftes Blatt zeigt uns eine Kleinwelt von niedlichen Gänseblümchen (*Bellis perennis*), Wegwarte (*Cichorium Intybus*) und Wegerich.

Hier ist der Rand einer Handschrift mit hochaufschiessenden roten Lichtnelken und Federnelken geschmückt, dort mit den Blüten der Passionsblume (*Passiflora macrocarpa*) geziert. Ein anderes Perga-
mentblatt versetzt uns durch seinen orna-
mentalen Schmuck unmittelbar in das Stillleben der Blumenwelt am Rande eines Weihers. Über die bescheidenen

Fig. 98. Blatt der Stechpalme.
Fig. 99. Miniatur.

goldgelben Blüten der Dotterblumen im Schilfe strecken sich auf hohen Stengeln die stolzen Schwertlilien mit Knospen und schön gezeichneten blauen Blüten empor. Wie überraschend zart, sorgsam und treu ist das Farbengeäder der blattartigen Antheren ausgeführt, und wie geschmackvoll das ganze Arrangement dieses Blumenflores. Hier kriecht ein Marienwürmchen (*Coccinella punctata*) den grünen geknick-
ten, seitlich geneigten Blumenstengel hinauf, dort im Winkel müht sich eine Libelle aus dem Gewirr der Schilfblätter heraus; eine andere sitzt müssig ruhend auf einer Blattspitze. Schmetterlinge fliegen herbei oder nippen von dem Blütenstaub dieser stillen herrlichen Blumen-
pracht, — und so bietet uns beim Durchblättern der alten Handschriften jedes Blatt neue Über-
raschungen, neue Genüsse.

Fig. 100.
Initial aus einem alten Bremer Gesangbuche.

Aber können wir auch dem Initialenorna-
ment einige Worte. Es ist wohl anzunehmen, dass die Initialen den Miniaturen voraus-
gingen oder wenigstens gleichzeitig mit den Miniaturen entstanden. Dass die Kunst der Ausschmückung von Büchern religiösen Inhalts byzantinischen Ursprungs ist und am Hofe Karls des Grossen besondere Aufnahme und Pflege fand, wurde schon erwähnt. Unter den Gelehrten der karolingischen Zeit waren es besonders irische Mönche, welche nicht nur mit dem Licht des Evangeliums Aufklärung und Ge-
sittung in die Urwälder Deutschlands trugen, sondern auch auf die Entwickelung der deutschen Kunst bedeutenden Einfluss gewannen und

4*

von neuangelegten Klöstern aus — ich erinnere nur an St. Gallen in der Schweiz — denselben lange Zeit dauernd ausübten. Den irischen kunstsinnigen Miniatoren verdankt auch das Initialenornament den originellen Charakter, welchen es im 8. und 9. Jahrhundert ausschliesslich behauptet. Dieses künstliche Gewirr von Linien, Schnörkeln,

Riemen und Bändern, das entweder die Initiale umzieht und durchflicht oder dieselbe in ihren Grundzügen selbständig entstehen lässt, ist durchgängig geschmacklos und unschön. Häufig werden phantastische Tiergestalten, langgeschwänzte gräuliche Drachen, Fische, Schlangen u. s. w. gezwungen, sich durch abschreckende widernatürliche Dehnung, Reckung und Verzerrung ihres Körpers oder einzelner Glieder der Form der Initiale anzupassen oder einzuschmiegen. Lässt diese Art des Ornaments im 8. und 9. Jahrhundert an Sorgsamkeit und fleissiger Ausführung

Fig. 101.
Schwertlilie. Aus einer Initiale. (13. Jahrh.)

nichts zu wünschen übrig, so verrät dasselbe im 10. Jahrhundert in seinen grossen groben Zügen eine gewisse Oberflächlichkeit und rohe Behandlung. Erst im Laufe der folgenden Jahrhunderte verfeinert es sich mehr und mehr. Das Band- und Riemenwerk wird durch leicht, schwunghaft und durchsichtig gehaltenes Laub- und Rankenwerk verdrängt, das entweder in langen kühnen Linien und Schnörkeln von den Enden der Initialen ausstrahlt oder sich in denselben oder um dieselben herum konzentriert. Im letztern Falle endet die auslaufende Ranke gemeiniglich mit dem federartigen Gebilde der Schwertlilie

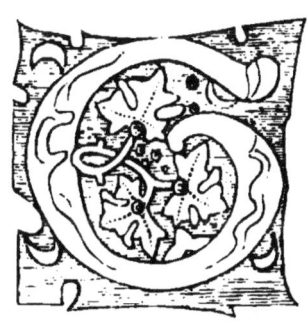

(Fig. 101) oder mit einem Kleeblatte. Hin und wieder sind auch grosse melonenartige Früchte benutzt, um die Räume zwischen den Elementen der Initialen zu füllen und einen Abschluss des Rankenwerks herbeizuführen. Vom 13. Jahrhundert an wird das Initialenornament naturalistischer und formenreicher. Akanthus-, Eichen-, Wein- und Epheuranken bilden seine besondere Zierde. Das Weinblatt des Initialengeranks ist 3- bis 5lappig; die Lappen nicht spitz sondern abgestumpft. Hauptfarben für dasselbe sind Rot

Fig. 102. Initiale G. (15. Jahrh.)

und Blau. Die Blattadern finden sich durch punktierte Linien in Weiss oder Gelb angedeutet; mit denselben erhöht man auch die Lichter (Fig. 102). Ungemein zierlich erscheinen die mit Goldtusche ausgeführten Epheuranken, zwischen deren Blättchen nicht selten auch Eichen- und Weinlaub vereinzelt auftritt. (Fig. 103.) Als Schlussblümchen der Ranken erscheinen gewöhnlich Vergissmeinnicht, (*Myosotis palustris*), Rosenknospen oder

Fruchtgebilde, welche der Einbeere (*Paris quadrifolia*) und der Kapsel des Mohn (*Papaver Rhoeas*) ähnelt (Fig. 104); andere dagegen, rund oder länglich, mit Stacheln besetzt, erinnern lebhaft an den Stechapfel, an die Rosskastanie oder an die Früchte des Igelkolben (siehe Fig. 100). Doch ist wohl kaum mit Sicherheit anzunehmen, dass unter den genannten drei Fruchtformen der Stechapfel (*Datura stramonium*) das Vorbild geliefert hat, denn derselbe ist ein Fremdling in unserer einheimischen Flora. Das fahrende Volk der Zigeuner brachte diese Pflanze, von ihnen *Tatula* genannt und zu ihren Zaubertränken verwandt, im Mittelalter aus Asien nach Europa. Sie verbreitete sich nur allmählich, und Samuel Müller bezeichnet sie noch 1687 in seinem Kräuterbuche als ein Gewächs, das man in Gärten zieht.

Weiterhin möge Erwähnung finden, dass man zur Ausschmückung und Füllung einzelne Blumen und Blütenzweige in die Initialen einlegte. Rosen, Erdbeeren, verschiedene Korbblütler — unter ihnen die stilisierte Distel, Braut in Haaren (*Nigella arvensis*), Lilien, Narzissen und das dreifarbige Veilchen oder Dreifaltigkeitsblümchen (*Viola tricolor*) scheinen zu den beliebtesten Blumenkindern gezählt zu haben.

Fig. 103.
Aus einer
Randverzierung.
(15 Jahrh.)

Es ist eine wunderbare Welt, diese Blumenwelt mit ihren vielfarbigen Reflexen und geistreichen Kombinationen! Alles atmet künstlerisches Selbstgenügen, Harmonie und Ruhe, soweit das Pflanzenornament allein auftritt. Sobald es sich aber mit Tiergebilden höherer Ordnungen und Menschengebilden vereinigt, offenbart es im scharfen Kontrast die mannigfachsten Gegensätze, an denen das Mittelalter so reich ist. Wie sollen wir es vom ästhetischen Standpunkte aus rechtfertigen, wenn uns hier aus der herrlich gemalten Blüte einer Passionsblume ein Affe entgegengrinzt, dort aus dem reinen Kelch der Lilie das weinselige Gesicht eines Bruder Kellermeister auftaucht, oder der Teufel in Gestalt eines Schweins die Ranken des Initialen-Ornaments benagt. Wirkt es nicht höchst komisch, zu sehen, wie sich inmitten des zartesten Blumenflors zwei grässlich gestaltete Ziegenböcke gegenseitig belecken, Mönche und Nonnen sich in den Arabesken schaukeln und Narren dazu tanzend die Schellenkappe schütteln? Wie kommt das arge Geschmeiss von gräulichen Drachen, rätselhaften Ungetümen, Seejungfern, Centauren, Bären, Elefanten, Hunden u. s. w. in diese reine Blumenwelt, alle

Fig. 104.
Mohnblüte und Frucht.

unsere Illusionen zerstörend? Es ist eben der Ausfluss des zerrissenen, schwankenden, mit sich selbst zerfallenen Zeitgeistes, der Zwiespalt zwischen Geist und Materie!

Neben der Miniaturen- und Initialenflora mögen zugleich diejenigen Pflanzenformen Erwähnung finden, welche, ihrer Symbolik wegen, auf den Gemälden in der Zeit des Mittelalters verwendet werden. Das Mittelalter ist besonders reich an einer Art von Gemälden, die den verherrlichten Christus darstellen und als Salvatorbilder bezeichnet werden. Demnächst sind es die Marienbilder, welche die verschiedenen Seiten des Wesens und der Würde der Jungfrau charakterisieren. Auf vielen derselben erblicken wir die Rose. Sie ist das Sinnbild der Liebe und der Mutter Maria geweiht. Das Christuskind auf dem Arm erscheint von Rosen umgeben, Engel umkränzen sie mit Rosen, oder sie sitzt in einem Rosenhag oder einer Rosenlaube. Bei den sogenannten Dreieinigkeitsbildern umschliesst der grosse äussere Kranz drei kleinere Rosenkränze, in deren Rahmen Darstellungen aus dem Leben des Herrn zu finden sind. Ein anderes Symbol der Maria ist der Mandelbaum (*Amygdalus communis*). Er ist der Wächter der Blumen, da er so zeitig im Frühling knospet und blüht. Auf dem Stammbaume Christi, dem Baume Jesse, der aus der Brust des Isai entspringt, sitzt zu oberst Maria in einer Mandelblüte, die Mandelfrucht, d. i. das Christuskind im Arm. Die Mandelfrucht, — als süsse Frucht im harten Kern, — deutet auf die leidensvolle und doch heilbringende Menschwerdung Christi. Ferner ist der Maria die Lilie geheiligt, die Lilie, als Blume der Seelenreinheit. In den Gemälden, welche die Verkündigung darstellen, erscheint ihr der Engel, einen Lilienzweig in den Händen; Lilien spriessen zu ihren Füssen, und die thronende Maria selbst trägt einen Lilienzweig. (Verkündigung der Maria von Hans Memling, 1480. — Maria mit dem Kinde von Giacomo Francia, 1537. Verkündigung von Gaudenzio Ferari, 1484—1537 u. s. w. u. s. w.) Noch heutigen Tages schmückt man in katholischen Ländern an hohen Festtagen die Bilder der Heiligen mit Lilienkränzen oder Lilienzweigen. Auch Ölbaum, Palme und Ceder gehören zu den Attributen der Himmelskönigin.

Die Symbole des Christuskindes und des thronenden Christus sind die Weizenähre, (nach 1. Mos. 3, 15) ferner der Granatapfel; (nach 2. Mos. 28, 33) er deutet auf das Wort aller Worte. Das Christuskind spielt mit den Äpfeln, die ihm die Englein pflücken und reichen, denn der Apfel ist zugleich das Bild der Vollkommenheit, das Zeichen der Herrschaft. Dieselbe Bedeutung hat auch der Reichsapfel. Den ersten derselben liess, der Sage nach, Alexander d. Gr. von all dem Golde anfertigen, das er in den eroberten Ländern gefunden hatte. Der Apfel gelangte in die Hände der Könige von Arabien, welche Melchior, Kaspar und Balthasar hiessen. Als sie vom Christuskinde vernommen hatten zogen sie nach Bethlehem, um ihm den goldenen Apfel zu überbringen. Kaum hatte ihn jedoch das Christuskind berührt, so zerfiel er, zum Zeichen, dass nun das irdische Reich dem himmlischen gewichen sei. Christusfigürchen aus Thon, die im 12.— 14. Jahrhundert den Kindern am Christfeste geschenkt wurden, zeigen das Christuskind mit einem Apfel oder einem Apfelzweig in den Händen.

Auf die Pflanzensymbole einiger Apostel und Märtyrer gehe ich nicht weiter ein, sondern wende mich sofort dem Kunsthandwerk zu, unter dem besonders Weberei und Stickerei, Glasmalerei, Holzschnitzerei und die Gold- und Eisen-Schmiedekunst zu hoher Vollkommenheit gelangten.

Weberei und Stickerei ward schon von den griechischen und römischen Frauen viel geübt, und Byzanz, Rom und Ravenna waren wegen ihrer vorzüglichen Muster weit und breit berühmt. Unter den Töchtern Karls d. Gr. begegnen uns kunstreiche Stickerinnen, und bald findet diese stille Frauenthätigkeit Einlass in Burgen, Schlössern und Klöstern. Zum Schmuck des Hauses und zur Zierde der Kirche entstehen unter den geschickten Händen der Patriziertöchter, Edeldamen und Nonnen buntfarbige Teppiche, Decken, Bordüren, Tragrieme, Gürtel und Wehrgehänge, Altardecken, Christus- und Marienbilder, umrahmt von Arabesken und allerlei Rankenwerk, in denen Granatäpfel, Rosen, Sternblumen, Lilien, Weinreben, Lorbeer- und Eichenblätter unter den Ornamenten in den Vordergrund treten[*]. Zur Zeit des gotischen Stils sehen wir die Stickerei einen solchen Aufschwung nehmen, dass im 12. Jahrh. für diese Kunst in den Klöstern besondere Werkstätten angelegt werden, die unter der Aufsicht eines kunstsinnigen Bruders stehen. Die Technik der Stickerei war folgende: Man stickte auf Seide, Wolle oder Leinenstoffe. Die Konturen der Zeichnungen bildete man aus freier Hand, selten nach Schablonen, mit einer schwarzen oder lichtgrauen Farbe. Auf den Konturen entlang nähte man sodann Goldfäden mit Seide auf und benutzte zur Füllung Seide, Wolle oder Schmelzperlen, seltener echte Perlen.

Die Ornamentenflora der Stickereien wiederholt sich auf den wundervollen Glasgemälden der Dom-, Kirchen-, Burgfenster u. s. w. und auch in den Werken der Schmiedekunst. Die eisernen Ziergitter, Thore und Thüren zeigen in ihren Stäben, Ranken und Arabesken: Kreuzblume, Distel, Akanthus, Lilie und das Stachelblatt der Stechpalme oder des Hülsedorn (*Ilex aquifolium*). Da das Blatt der Stechpalme als beliebtes Ornament im Mittelalter ungemein häufig in Anwendung kommt, will ich am Schlusse dieses Abschnittes eine kurze Beschreibung der Pflanze folgen lassen und zugleich auf ihre symbolische Bedeutung hinweisen.

Das Strauchgewächs des *Ilex*, in südlichen Gegenden zu einer Höhe von 9 m erwachsend führt eine Menge Namen. Kunrad von Megenberg (nicht Meydenberg), 14. Jahrh., nennt die Pflanze in seinem «Buch der Natur» den «*Ylpaum*». Die Stechpalme gehört zu den immergrünen Gewächsen. Die Blätter des dichten Laubes sind eiförmig spitz und dornig gezähnt, zudem lederartig, glänzend und von dunkelgrüner Farbe. Die weissen Blüten mit 4 Staubgefässen stehen

---

[*] Siehe des Verfassers: «Die deutsche Frau. Ihre Erziehung und häusliches Leben von den ältesten Zeiten bis zum Ausgange des Mittelalters». Festvortrag. (Cornelia, 32. Bd., Heft II.)

zahlreich in den Blattwinkeln. Aus ihnen bilden sich die hübschen roten Früchte, die nach altem Aberglauben von den Hexen benutzt wurden, um Gewitter daraus zu brauen. Die Palme, so kündet die Sage, bekam ihre stachlichten Blätter, als in der Passion des Herrn das Volk sein «Kreuzige, kreuzige» rief. Zum Andenken an den Tod des Heilandes bleibt der Hülsedorn grün, und in Gegenden, wo er häufig wächst, benutzt man seine Büsche als Palmenzweige, um damit am Ostersonntage die Kirchen zu schmücken:

. . . .
«Dieselben Psalmen singt man auch,
Ölzweigl in in den Händen,
Muss im Gebirg zu diesem Brauch
Stechpalmen gar verwenden.»

(Goethe.)

VII.

Pflanzenformen
in der Kunst der Renaissance, Rokoko- und Neuzeit.

Die gotische Kunst, geboren und erzogen im Schosse der Kirche, diente fast ausschliesslich der Idealisierung des Göttlichen, und nirgends und zu keiner Zeit ist wohl hingebende Demut, fromme Glaubensseligkeit und begeisterter Glaubenseifer plastischer zum Ausdruck gekommen, als zur Zeit des Mittelalters in den kühnen himmelanstrebenden Elementen des gotischen Baues und in der unendlichen Fülle symbolischer Gedanken, welche in Holz, Stein und Metall verkörpert in sinniger Weise zum Ausdruck gelangten. War anfangs die gotische Kunst voll und ganz in der religiösen Welt aufgegangen, so fand sie darin für die Dauer doch nicht ihre volle Befriedigung. Der steten Wiederholungen müde, suchte sie sich allmählich aus den alten Banden zu befreien, nahm ihre Zuflucht zu allerlei Künsteleien und entfernte sich dadurch mehr und mehr von ihrer ursprünglichen Originalität. Massiges Laubwerk der Ornamente voll unschön stilisierter Blattformen, wunderliche und greuliche Tiergebilde, Drachen, Hunde, Löwen, urkomische Gestalten von Narren und Mönchen mit fratzenhaften Gesichtszügen, welche uns als Ausgeburten eines verdorbenen Geschmacks, verhaltenen Witzes und beissenden Sarkasmus, im späten Mittelalter ungemein häufig an den Aussenseiten der Dome als Wasserspeier u. s. w. begegnen und den in uns erweckten überwältigenden Eindruck mit einem Schlage vernichten, künden den Verfall dieser Stilperiode.

Ein neuer, frischer, reformatorischer Geist weht durch die Welt. Er bricht mit veralteten Dogmen im Glaubens- und Kunstleben, forscht den noch nicht gänzlich verwischten Spuren der Antike nach, hebt die Schätze des Altertums aus dem Staube des Vergessens und bringt sie durch eingehendes Studium wieder zu Glanz und Ehren. Diese durchgreifende umgestaltende Bewegung auf allen geistigen Gebieten, deren belebender Hauch vom klassischen Boden Italiens gegen die Mitte des 15. Jahrhunderts ausging und, ihren Einfluss auf alle Nationen gleichmässig ausdehnend, der Kunst einen neuen eigenen Charakter verlieh, — indem sie den wuchernden Überfluss in der Architektur und Ornamentik beschnitt und dafür die Typen der reinen Antike einpflanzte, — hat man die Renaissance, d. h. Wiedergeburt genannt. Durch die innige Verschmelzung von antiken und modernen Kunstelementen entstand eine neue Kunstwelt voll wunderbarer Grazie, Zierlichkeit, Leichtigkeit und lachenden Lebens, deren Schwerpunkt besonders in der Ausschmückung der Wandmedaillons und Friese liegt. Alle Ornamente der Renaissance sind vom antik-römischen Geiste durchhaucht. In den anmutig komponierten Arabesken der Felder bilden sich im weiteren Verlauf der Linien: Masken, Amoretten, Delphine, Schwäne, Kraniche, Reiher, Pfauen u. s. w. in allen möglichen graziösen Stellungen und Lagen. Die dünnen Ständer der Fruchttischchen und die reizenden Candelaber mit ihren Fruchtschalen und Medaillons enden mit Vogelköpfen, Tigertatzen u. s. w., oder scheinen aus einem Blätterstrauss herauszuwachsen; aber alles leicht und anmutig und lebendig, auch in dem Einfachsten und Kleinsten. Die wiegenden Ziergehänge, die Füllhörner, Opferbecken, Opferaltäre, die Zierrahmen der Malereien und Skulpturen haben die Repräsentanten der Ornamentenflora des Mittelalters noch durch eine Menge von Früchten und Blüten: Äpfeln, Birnen, Feigen, Melonen, Eicheln, Citronen, Apfelsinen, Glockenblumen, Fliederblüten, Artischoken, Johannisbeeren, Irisblüten, Kornblumen, Ähren, Kornraden u. s. w. u. s. w. vermehrt. Auch Akanthus und Lotus, welche die gotische Kunst fast gänzlich verpönte, finden wir wieder tonangebend in ihrer Gesellschaft.

Der Akanthus, in der italienischen Renaissance vorherrschend Ornamentengebilde, tritt sowohl als Strauss wie auch als Ranke auf. Mit seinem zarten, fein zerteilten Laube, voll ohne überladen zu sein, erscheint er im edlen, antik gehaltenen Stil, ein Bild der Anmut und Zierlichkeit. Die einzelnen Partien der schmiegsamen, vortrefflich gezeichneten Ranken, erhalten ihren Abschluss durch verschiedene Blütenformen, Rosetten u. s. w. Die Rankenzüge sind belebt von Amoretten, bunten Vögeln und allerlei vierfüssigen Tieren, und in den Medaillons, welche von den Ranken umzogen und umschlossen werden, kommen Gestalten und Scenen aus der griechisch-römischen Mythologie zur Darstellung.

In phantasiereicher Weise, ebenso ganz im antiken Geiste modellirt, erscheint an den Friesen die Lotusblume. Sie besteht entweder aus einem einfachen oder einem Doppelkelch und endet gemeiniglich oben mit einer im Aufbrechen begriffenen Blüte.

Doch schon im 17. Jahrh. verlieren sich die reinen antik-modernen Formen unter dem üppig aufschiessenden und schnell um sich wuchernden Unkraut von Schnörkelschwall und Ornamentenfülle. Die Ziergehänge werden besonders mit Früchten und tausenderlei schönen und unschönen Dingen: Gartengeräten, Waffen, Musikinstrumenten, Masken, kurz mit allem möglichen und unmöglichen überladen und erscheinen schwer, starr und bewegungslos. Muscheln und Schneckengebilde drängen sich breitspurig in das Ornamentenwerk ein und beherbergen allerlei mythologische Gestalten. Von einem idealen Anflug keine Spur! Überall erblicken wir Zerrbilder der Kunst, überall offenbart sich eine ungeheuerliche Verschrobenheit des Geschmacks in diesen gebogenen Façaden, den krummen Giebeln und den manirirten Thüren und Fenstern. Die Rokokozeit ist so recht der Ausdruck der damaligen herrschenden Geistes- und Zeitrichtung: sinnlich, üppig, seicht, ohne tiefen Gehalt, ohne jedes geistige Streben, alles erstarrt, versauert und verzopft!

Dank der freien, frischen Bewegung, die sich zu Anfang unseres Jahrhunderts Bahn brach und die Kunst von den stagnierenden Elementen und ihrem Unkraut reinigte, ist das künstlerische Streben wenigstens von seinem Zopf befreit, und wir sind berechtigt, für die Zukunft von der Kunst das Beste zu hoffen. Einen einheitlichen Stil besitzt sie freilich zur Stunde noch nicht. Es ist ein haltloses Herumtasten, ein Haschen und Greifen bald nach Diesem, bald nach Jenem, und so stellen sich die neusten Schöpfungen oft als ein Konglomerat der verschiedensten Elemente aus allen möglichen Baustilen dar. Wir brauchen nur daraufhin unsere Bauten zu mustern, um dieselbe Beobachtung zu machen. Auch in den Ornamenten herrscht die grösste Willkür. Hier treffen wir auf altklassische Dekorationen, dort auf Arabesken; an einem Gebäude spiegelt sich die anmutige Renaissance, an einem danebenstehenden machen sich die schweren Fruchtgehänge der Zopfzeit breit; ein anderes zeigt wohl in eklektischer Weise die Ornamente aller Stilperioden zugleich. Doch hat es unserem Jahrhundert nicht an genialen Meistern gefehlt, die durch musterhafte Bauten die Kunst zu beleben und zu reformieren suchten. Das Verdienst dieser Kunstbestrebungen gebührt in erster Linie Schinkel, Klenze und Heideloff. Der erstgenannte Meister lenkte den Blick der Kunstjünger auf das Studium der antiken Kunst und brachte ihre Formen in seinen bedeutensten Schöpfungen, dem Berliner Museum und Schauspielhaus, wieder zu Ehren.

Klenzes Bauwerke: die Walhalla und die Propyläen Bayerns u. a. sind Muster des altgriechischen Stils, während Heideloffs Schöpfungen, die Kirche zu Sonnenberg und die zu Oschatz, sowie die Leipziger katholische Kirche im strengen Stil der Frühgotik erbaut sind.

Im Allgemeinen darf man wohl behaupten, dass unsere Kunst ihre Pracht- und Privatbauten im edlen Stile der Renaissance schafft und auch auf dem Gebiete der Ornamentik des Gediegenen und Schönen gar viel darbietet; und wie das gesamte Kunst- und Geistesleben der Neuzeit dem gewaltigen Zuge des Realismus folgt, so steht auch dieser einzelne Zweig der bildenden Kunst unter seinem bindenden Einflusse. Die in den Ornamenten verwerteten Pflanzenformen sind von so stark naturalistischer Färbung, dass es bei einigem botanischen Wissen selten einer Vergleichung bedarf, um die zu Grunde liegenden Blatt-, Blüten- und Fruchtmotive herauszufinden.

Die Blätter des Akanthus, der Zaunrübe, der Eiche, der Weinrebe, der Distel, der Winde und des Ahorn machen allen Gebilden der Ornamentenflora zur Zeit den Vorrang streitig.

Druck von C. Grumbach in Leipzig.